南方传媒智库丛书

# 粤商新传

南方日报社◎编

南方日报出版社
NANFANG DAILY PRESS
中国·广州

**图书在版编目（CIP）数据**

粤商新传/南方日报社编. -- 广州：南方日报出版社，2018.12
ISBN 978-7-5491-1832-8

Ⅰ.①粤… Ⅱ.①南… Ⅲ.①商业经营－概况－广东 Ⅳ.①F715

中国版本图书馆 CIP 数据核字（2018）第 299905 号

**YUESHANG XINZHUAN**
**粤商新传**

**编　　者：**南方日报社
**出版发行：**南方日报出版社
**地　　址：**广州市广州大道中 289 号
**出 版 人：**周山丹
**责任编辑：**刘志一　郭海珊
**装帧设计：**邓晓童
**责任校对：**裴晓倩
**责任技编：**王　兰
**经　　销：**全国新华书店
**印　　刷：**广州市岭美彩印有限公司
**开　　本：**787mm×1092mm　1/16
**印　　张：**13.25
**字　　数：**191 千字
**版　　次：**2018 年 12 月第 1 版
**印　　次：**2018 年 12 月第 1 次印刷
**定　　价：**48.00 元

**投稿热线：（020）87360640　读者热线：（020）87363865**
发现印装质量问题，影响阅读，请与承印厂联系调换。

## 南方传媒智库丛书编委会

主　任：刘红兵

副主任：黄常开　相贤古

编　委：王更辉　曹　轲　陈广腾　黄　灿　王义军
胡　键　张俊华　王　巍　姜　晖　曾庆春
任天阳　姚燕永　郎国华　陈　志　梅志清
田东江　谭仕龙

## 《粤商新传》编写组

主　编：谢思佳

编　辑：卢　轶　袁佩如　彭　琳　刘　倩

采　写：南方报业“向上突围”融媒体报道小组

# 前言

2017年9月25日，《中共中央国务院关于营造企业家健康成长环境弘扬优秀企业家精神更好发挥企业家作用的意见》正式公布。这是中央首次以专门文件明确企业家精神的地位和价值，对弘扬优秀企业家精神、更好发挥企业家作用具有重大意义。2018年11月1日，习近平总书记主持召开民营企业座谈会并发表重要讲话，强调毫不动摇鼓励支持引导非公有制经济发展，支持民营企业发展并走向更广阔舞台。

企业家是经济活动的重要主体。以习近平同志为核心的党中央高度重视企业家精神培育和新型政商关系营造。从强调“市场活力来自于人，特别是来自于企业家，来自于企业家精神”，到阐述“新型政商关系，概括起来说就是‘亲’‘清’两个字”，习近平总书记的重要讲话饱含着党中央对企业家的高度关怀和殷切期盼，极大地激发了广大企业家的积极性、主动性、创造性。

改革开放以来特别是党的十八大以来，广东主动适应、把握和引领经济发展新常态，认真落实新发展理念，坚持稳中求进工作总基调，坚持以推进供给侧结构性改革为主线，推动全省经济社会发展取得显著成绩。这是以习近平同志为核心的党中央坚强领导、精心谋划、运筹帷幄的结果，是广东坚决贯彻落实习近平总书记系列重要讲话精神和治国理政新理念新思想新战略的结果，同时也凝聚着广大企业家的智慧和付出。粤商是广东发展的主力军。广大粤商为广东实施创新驱动发展战略、推进供给侧结构性改革、建立开放型经济体制做出了重要贡献。

广东历来重视弘扬粤商精神、凝聚粤商力量，这也是广东经济迅速崛起并连续28年位居全国首位的重要原因之一。制订供给侧结构性改革方案，推出支持实体经济“十条措施”，积极构建新型政商关系，大力降低市场准入门槛，努力改善营商环境，推动服务型政府建设，加强党对企业家队伍的领导……近年来，广东出台了一系列政策举措，着力营造依法保护企业家合法权益的法治环境、促进企业家公平竞争诚信经营的市场环境、尊重和激励企业家干事创业的社会氛围，引导广大企业家爱国敬业、遵纪守法、创业创新、服务社会，为广大粤商创造了更好的发展环境、提供了更多的发展机遇。

南方报业持续关注广东企业的发展壮大，2017年8月至2018年12月间，先后推出“粤商精神全球大调研”“向上突围·广东企业家精神社会征集”等活动，持续发掘广东企业家精神，探寻改革开放中的企业家精神密码。本书将上述调研和报道的成果集结成册，为新时代下弘扬广东优秀企业家精神提供参照。

当前，广东正处在决胜全面建成小康社会、加快迈上建设社会主义现代化新征程的关键阶段。作为全国第一经济大省，我们要更加紧密地团结在以习近平同志为核心的党中央周围，以习总书记对广东工作做出的“四个走在全国前列”重要批示精神为统领，大力弘扬粤商精神，充分发挥企业家作用，确保广东经济继续走在全国前列。与此同时，粤商也要增强担当精神，积极投身广东转型升级和粤港澳大湾区建设的伟大实践，在践行“亲”“清”新型政商关系中展现粤商形象，在奋力实现“四个走在全国前列”中彰显粤商力量，在推动脱贫攻坚等光彩事业中展示粤商风采。

# 目录

## 第三章　我眼中的粤商



## 第四章　国企改革再出发

第一章

# 创新加速度

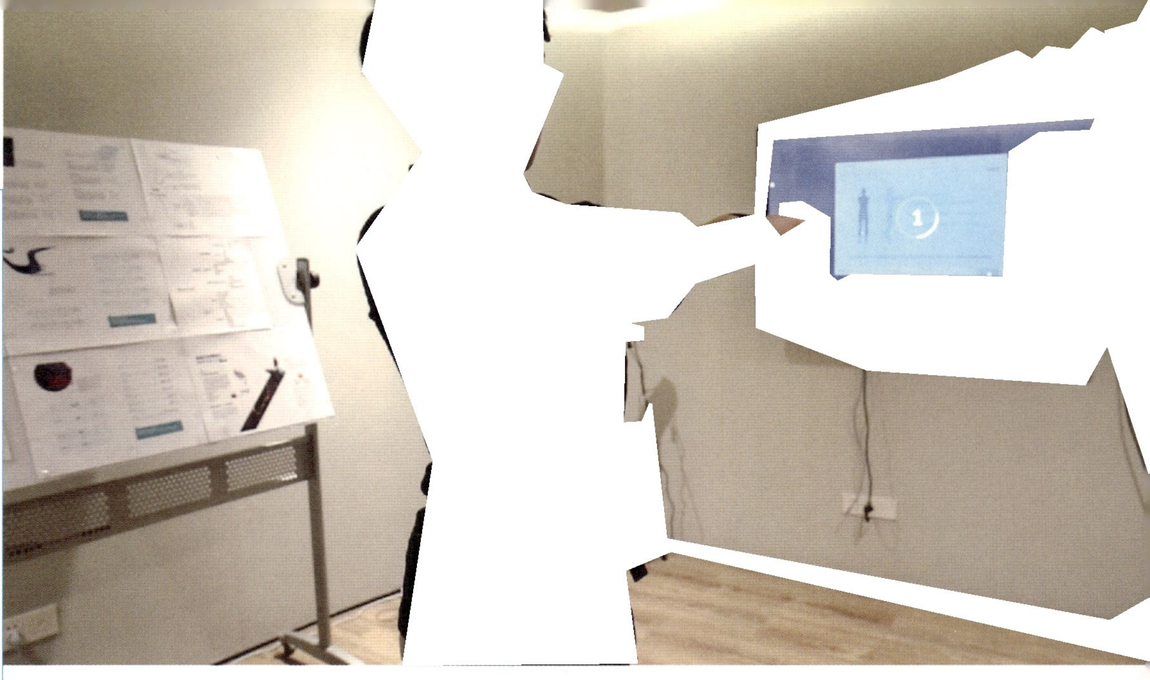



# 深圳这家公司为何吸引
# 德国总理默克尔专程来参观



经过一条长约5米的人体快速量化通道，5分钟27项健康指标全部呈现在大屏幕上——这是碳云智能科技有限公司（以下简称“碳云智能”）正在研发的一个产品。

权威咨询机构CB Insights发布的“全球2017 AI100”名单，评选出全球最有创新实力的100家AI公司，碳云智能榜上有名，中国仅有4家企业入围。评语是这样描述的：“基于世界上领先和指数级增长的全息健康数据，他们将通过先进的数据挖掘和机器分析技术提供个性化的健康分析和健康指数预测。”

2015年从华大基因CEO出走，创立碳云智能，公司成立不到一年就完成近10亿元A轮融资，估值超过10亿美元。CEO王俊接受记者专访时表示：“华大基因是读基因，碳云智能是懂生命。我们希望把所有的生命状态都数字化，然后用人工智能的方式模拟和管理生命。”

## ➔数据读生命：全球设立三个数据分析中心

位于深圳南山区中航沙河工业园，这里是碳云智能的全球总部：工业风的办公环境与众多“黑科技”产品搭配，仿佛置身科幻剧《黑镜》。

2018年5月，在中国进行正式访问的德国总理默克尔百忙中专程乘机赶往深圳，参访碳云智能。

“德国在生命健康和大数据等领域有一些思考，未来两国之间会有更多合作空间。”王俊向记者回忆当时的场景，他向默克尔详细介绍了碳云智能提出的数字生命理念，利用人工智能驱动海量生命大数据，为消费者提供定制化的健康解决方案。

碳云智能到底在做什么？专访中，创始人王俊一再强调：“希望碳云智能帮助每一个人用数字化来理解和管理生命。”

生命大数据，是碳云智能提出数字生命理念的一个关键前提。那么，如何去获得这些生命大数据？2017年1月，碳云智能发布了数字化精准健康管理平台——觅我™，还联合7家公司成立数字生命联盟，通过平台和联盟先行获取相关数据。

王俊表示，碳云智能开发了很多从生物样本提取信息的技术，样本提取来自用户的尿液、血液、唾液、粪便等以及公司开发的智能镜子、智能马桶、心率贴、血糖监控仪等等。目前，觅我™平台已经吸引了全球100多万人参与其中。“在数据的技术层面上，碳云智能都已经准备得差不多了。”

数字健康管理平台具体做什么？碳云智能帮助用户搭建数字化的生命模型，判断未来的健康趋势，为每个人提供个性化的健康生活指导。

如何分析这些生命大数据，王俊告诉记者，碳云智能目前有三个数据分析中心：一个在深圳，聚集了碳云的主要数据分析人员；一个在以色列，集中研发人工智能大数据的模型；还有一个在波士顿，做一些和生物学、医学应用相关的数据分析处理。此外，以色列的人工智能中心还负责图像理解方面的大数据分析。

“外界对于生命大数据有一个误解，我们并不是每一项都要采集所有的数据。”被问及搜集大数据的海量工作，王俊举例解释：“比如血糖管理，可能需要其中一部分的数据。比如美容护肤，可能是另外一部分的数据。每一个应用场景所涉及的数据、类型和量都不一样。”

## ➔商业化提速：未来将一个人生命数字化只需100美元

一群科学家做生意，这是外界对碳云智能的最初印象。

2015年，王俊从华大基因CEO出走，创立碳云智能。碳云智能的创始团队，几乎全部来自华大基因。公司成立不到一年就完成了近10亿元A轮融资，估值超过10亿美元，成为全球成长速度最快的科技创新企业之一。

团队成立之初就能拿到如此高额的融资，与碳云智能豪华的科学家团队密不可分。但如何将“高尖精”的科研成果转化为“普惠式”的商业应用，这是碳云智能成长的首要难题。

曾经帮助开发IBM Watson Health的前IBM首席医学官Marty Kohn就表示：“在医疗领域，人工智能技术已经存在多年，然而它并没有产生规模。”

面对行业瓶颈，王俊在采访中向记者表示，经过三年的技术研发和产品打磨，碳云智能希望做更多商业化方面的尝试，让产品能被更多大众率先使用。“2018年将是我们商业化的起始年，很多产品和应用会陆续地推向市场。”

碳云智能现在做的事情，与19年前王俊创立华大基因有些类似。

当年，王俊和团队的目标是推动基因测序成本的下降。从最开始要花1亿美元完成对一个人全基因组的测序，到现在只需要几百美元。如今，王俊希望将一个人数字化的成本降低。

将一个人数字化是什么概念？打个比方，就好比在虚拟的计算机里构建一个“阿凡达”分身，它跟你在现实中的身体数据高度相似。通过在“阿凡达”上测试各种不同的健康选择，从而对你提出优化的健康指导和建议。

“现在，数字化一个人可能需要100万美元，但在未来会降到100美元。”王俊表示，碳云智能做的技术最终是想惠及每一个普通人，因此公司的技术和产品做到更贴近老百姓的需求。“华大基因是读基因，碳云智能是懂生命，我们希望能做得更多。”

## ➔前瞻布局：广东生物医药异军突起

19年前，王俊只身来到深圳创业。在他看来，深圳是中国最具硅谷气质的城市，为创业者提供了创新的土壤：“深圳有很多活跃的年轻创业者，新的想法每天都在发生。”

最重要的是，一旦有想法就可以马上付诸行动，并且有较大机会获得成功。这种效率，离不开政府所提供的政策、资本和人才等支持。

生物科技属于典型的“高投入、高风险、高产出、长周期”行业，不仅需要公司潜心研究，也需要资本市场的支持，更需要政府的政策扶持。

王俊告诉记者，碳云智能提出的数字生命产业发展已被列入2017年深圳市政府工作报告。深圳市政府的大力支持，将带动“数字生命”在广东乃至全球的产业化发展。“公司在成立伊始就得到了各级政府的大力支持，包括人才、住房、研发支持等。而且，深圳很早对生物科技等战略性新兴产业进行前瞻布局。”王俊感慨地说道。

不仅仅是碳云智能，整个广东生物医药产业创新发展都按下加速键。

在基因检测领域，华大基因已经成功上市，新锐企业瀚海基因发布了全球最准三代基因测序仪；在医疗器械领域，迈普医学的“睿膜”是全球首个生物3D打印人工硬脑膜产品；在健康服务领域，金域医学是全国首家获得医疗机构执业许可证及规模最大的第三方医学检验机构……

生物医药产业的异军突起，离不开广东省政府以及各地市的谋划部署，为抢占全球生物产业高地提供了“创新土壤”。

在深圳，从2009年开始就重点打造生物医药产业集群。2016年，深圳生物产业规模超过2000亿元；在广州，2017年3月正式发布战略性新兴产业蓝图： 通过实施“IAB”计划（新一代信息技术、人工智能、生物医药）等推动创新发展。预计到2020年，广州生物医药产业规模达到4000亿元，增加值达1000亿元；在珠海，2018年上半年生物医药业增加值增长

31.8%，增速尤为显眼。

再看全省层面，《广东省战略性新兴产业发展“十三五”规划》明确提出，强化生物产业创新发展技术基础，加快产业化进程，力争到2020年全省生物产业产值规模突破6000亿元。

资本市场再添利好。2018年3月，港交所宣布了一系列重大改革新政，尚未盈利或未有收入的生物科技公司可赴港上市，让广东生物医药产业集群驶入资本“快车道”。

乘借东风好起航，以广州和深圳为龙头，带动珠海、惠州、顺德等地市形成一批优秀生物科技产业集群，广东生物医药产业迎来新一轮创新腾飞。

## 对话

### “碳云智能是开放的平台，愿意与华大基因合作”

**问：怎么理解用数字化来管理生命？**

答：我们相信数字能解答与健康相关的一系列问题：我的基因怎么样、肠道微生物怎么样、我的饮食情况怎么样……碳云智能通过人工智能不断研究用户的身体状况，从而更加精准地提供膳食、运动、作息方面的建议。我们希望把所有这些生命状态都数字化，然后用人工智能的方式模拟和管理生命。

**问：从科学家到企业家，您最大的改变是什么？**

答：以前也有人问我这个问题，我在华大基因的时候其实已经完成一次转变。我们想做的事情，既有科学技术的成分，也有企业的成分。想让老百姓看到并且使用产品，光靠实验室的力量是不够的，一定要从实验室走向社会。这是一个蛮漫长的过程，需要不同社会力量一起合作。

**问：从华大基因出走，碳云智能经常拿来与其比较，您自己怎么看？两者的区别是什么？**

答：成为华大基因的CEO后离开创业，确实有不舍。华大基因的积累对于我创办碳云智能很有帮助，两段经历是不可分割的。但是，华大基

□ 对话碳云智能CEO王俊

因和碳云智能从事的领域完全不同。技术上来说，华大基因在读懂基因，碳云智能则是想理解生命，读懂基因只是理解生命的一部分。同时，我们是开放的平台，愿意与包括华大基因在内的任何企业合作。

## 观察

### “普惠式”的大众健康管理，仍有很长一段路要走

通过人工智能和大数据来管理生命，碳云智能并不是唯一对此拥有商业愿景的公司。

根据CB Insights对风险投资的追踪研究，如今医疗健康领域内的AI创业公司已超过100家，包括心理健康、药物发现、生活方式管理、虚拟助手、疾病诊断等各类细分领域。但迄今为止，AI（人工智能）在大部分医疗健康场景中的影响仍然十分有限。

基于生命大数据和人工智能的碳云智能，面临着诸多挑战。

在碳云智能的计划中，未来不仅需要通过技术提高生命数字化的能

力，还要将其整合到医疗健康服务当中。对于用户享受“生命数字化”成果的前提是将门槛降到最低，吸引更多人参与。

此外，从我国的健康管理的发展现状来看，碳云智能甚至需要扮演培育和引导用户的角色，让用户积极主动地对自己进行健康管理。此外，用户能否自愿分享数据，这点也尤为关键。

（李赫　彭琳）

# 为什么小鹏汽车董事长的座驾是一辆特斯拉

2018年8月15日晚上，小鹏汽车品牌日在广州塔举行。不久前，小鹏汽车刚刚完成了一笔40亿元的B+轮融资，总估值接近250亿元，这家广州企业成立才短短4年。

近几年，以特斯拉为代表，全球掀起了一股互联网造车旋风。在中国，小鹏、蔚来、威马以及乐视等都均被视为追赶者。但随着乐视造车的几经挫折，外界对互联网造车的质疑从“PPT造车”延伸到了交付量产。

面对外界压力，小鹏汽车董事长何小鹏给出了准确答案：“首款上市车型小鹏G3将于年底交付量产。”他同时指出，2019—2020年，大规模交付将是造车新势力的生死之年。为了解决量产，小鹏汽车2018年5月宣布在广东肇庆市投资100亿元建设汽车生产基地。

在新能源汽车和智能驾驶的全球区域竞争版图中，广东正在抢占一席之地，广州、深圳等多地相继出台了有关政策，这也给小鹏汽车等“南派造车”新势力提供了弯道超车的机会。

## ➔互联网造车：从研发到量产用时四年

往返家与公司之间，何小鹏的座驾是一辆特斯拉Model X。

“特斯拉走在行业前沿，我们会去学习。”专访中，何小鹏毫不避讳地向记者回应了与特斯拉的对比，“特斯拉和小鹏汽车各有千秋，我认为后者更适合中国市场。”

对于外界质疑小鹏汽车模仿特斯拉，何小鹏有着自己的看法。他坦言，小鹏汽车向三家企业学习：首先，学习特斯拉的硬件设计、价格体系、电动化等相关领域；其次，学习丰田的经营管理；最后，会参考小米的互联网服务思维。“综合各家所长，结合中国市场，寻找出小鹏汽车的发展之道。”

不同于很多互联网汽车厂商的反复跳票，小鹏汽车量产车型如期面世：2018年1月的美国电子消费展（CES）上，命名为G3的2.0版量产车型——一辆纯电动紧凑型SUV正式亮相。2018年5月，100辆小鹏汽车交付给了第一批车主，其中多数为内部员工。不过，业内也有不少质疑，这并不是真正的交付。

2014年成立于广州的小鹏汽车，造车速度远远快于传统企业。按照一般传统车的研发周期，一款新车的研发一般都需要4—5年，而小鹏汽车从研发到量产只用了4年。早前，小鹏汽车拿到了广州市交警支队车管所发放的新能源车牌，成为首家拿到绿牌的互联网车企。

造车周期缩短，小鹏汽车创始团队的构成基因起到了关键作用。团队是典型的“汽车行业+互联网”组合：创始人兼总裁夏珩，曾任广汽新能源中心任控制科科长，主导广汽多款新能源汽车及智能汽车的控制系统的开发；董事长何小鹏，2004年创办了UC优视，后来并入阿里系。2017年10月，何小鹏从阿里辞职，加入此前投资的小鹏汽车。

“小鹏汽车不是以互联网为基础的汽车公司，而是以汽车为基础，结

□ 小鹏汽车董事长何小鹏在车上接受采访

合互联网，进行汽车的智能化和网联化。”何小鹏表示，小鹏汽车是造车新势力中首个获得国家工信部产品资质公告的企业。

从A+轮到B+轮连续跟投的晨兴资本合伙人刘芹认为，之所以持续投资，是因为相信何小鹏对智能汽车时代下产品及用户的洞察，更相信小鹏汽车与生俱来的互联网造车新基因。

## ➔肇庆自建生产基地：明年实现累计约300亿元融资

2018年8月，何小鹏与蔚来汽车CEO李斌公开对赌。何小鹏在朋友圈发文称，2018年没有“新造车势力”能交付1万台车，而李斌则回应称：“我就能交付1万台，交不了我就赔一台蔚来ES8给你，交得了就你买我一台小鹏汽车！”

对赌的背后，折射出互联网造车企业最大的短板——量产。

为了解决量产问题，小鹏汽车2018年5月宣布在广东肇庆市高新区投资100亿元建设汽车生产基地。这是这一轮新势力造车中，第一个落户珠三角的生产基地。此前，小鹏汽车一直由郑州海马汽车公司代工生产。

根据规划，小鹏汽车肇庆基地拟用地3000亩，其中一期用地600亩，投资40亿元。一期项目建成投产后，预计小鹏汽车将拥有年产智能新能源汽车10万辆的生产能力。

“广州到肇庆的交通很方便，珠三角的汽车配套链我们都可以共用。”夏珩认为，珠三角的汽车零配件公司都在一小时经济圈内，这是小鹏汽车能够实现量产的重要前提。获得B+轮融资后，何小鹏也给出了交付的明确时间：首款上市车型小鹏G3将于年底交付量产。

除了自建工厂，小鹏汽车还在加大布局新能源充电桩。据何小鹏透露，预计在2020年年底前，小鹏汽车将在全国布局逾1000座超级充电站、10,000个专用充电桩和100,000个第三方合作接入充电桩。

自建生产工厂，全国布局新能源充电桩，公司员工从500人扩充到了3000人……快跑中的小鹏汽车对于资金的需求越来越强烈。继2018年1月完成22亿元的B轮融资后，2018年8月又获得了总额40亿元的B+轮融资。

采访中，何小鹏向记者表示，2018年下半年还会有新的融资。“很多造车公司都在宣称百亿级别的融资规模，但实际并不如此。目前，只有小鹏汽车和蔚来汽车在研发上市投入较大。”

公开资料显示，蔚来汽车融资接近150亿元。近日，蔚来汽车向美国SEC提交了招股文件，计划通过IPO募集最多不超过18亿美元。公开数据显示，过去3年蔚来汽车亏损了109亿元。

在品牌日活动上，小鹏汽车副董事长兼总裁顾宏透露，小鹏汽车计划在2019年年底实现累计约300亿元的融资。

对于300亿元的融资，外界一片哗然。互联网造车需要“烧”这么多钱吗？何小鹏的答案是肯定的。他向记者表示，“特斯拉在过去15年的初创历程中，包括股权融资和债务一共是150亿美金”。

### ➔新能源汽车市场增长：前7个月销量49.6万辆，同比增长97.1%

新能源汽车市场正在快速崛起。

数据显示，2018年前7个月，新能源汽车产销分别完成50.4万辆和

49.6万辆，比上年同期分别增长85%和97.1%。无论是小鹏汽车、蔚来等“造车新势力”，还是广汽、比亚迪、宝马等传统老牌车企都在持续加码，竞争加剧。

在比亚迪董事局主席王传福看来，造车新势力是行业的新鲜血液，但是仍然任重而道远，汽车的产品周期漫长，竞争惨烈，新能源造车的窗口期越来越短。

中国汽车工业协会副秘书长师建华预测，2025年新能源汽车全球销量将会突破1800万辆，中国的新能源汽车销售会突破470万辆。“这也预示着未来3—5年，新能源汽车产业竞争将极其残酷。”

初步统计，目前国内已有16家新造车企业拿到造车资质。2017年，全国新投入的整车项目累计达91个，21个省宣布了新能源项目，投资规模达到5283亿元。

在新能源汽车和智能驾驶的全球区域竞争版图，广东正在抢占一席之地。深圳、广州等多地出台了相关政策，这也给小鹏汽车等“南派造车”提供了弯道超车的机会。

作为全国重要的汽车制造基地与市场，2018年6月广东省政府发布《关于加快新能源汽车产业创新发展的意见》，明确了加快新能源汽车产业创新发展，促进汽车产业向电动化、智能化方向战略转型。

早前3月，深圳和广州分别发布了关于智能驾驶的相关指导意见。以发展新能源和智能网联汽车为突破口，广东汽车产业转型版图加速形成：既有广汽集团、比亚迪这样的传统车企投身于智能驾驶，又有小鹏汽车、小马智行、景驰科技等一批互联网智能驾驶新势力。

小马智行在2018年年初宣布获得1.12亿美元的A轮融资，2017年小马智行将全国总部迁入广州南沙，并设立无人驾驶研发中心；景驰科技2017年诞生在美国硅谷，同年12月宣布将其全球总部迁至广州。

而小鹏汽车则早在2017年就开始布局智能驾驶，2018年7月小鹏汽车又与德赛西威签署战略合作协议，携手研发L3级别自动驾驶系统。何小鹏表示：“非常有信心在2020年实现L3自动驾驶的量产落地。”

□ 小鹏汽车董事长何小鹏接受专访

## 对话

### 何小鹏接受专访

**问：外界对小鹏汽车有很多期待，也有质疑，您怎么看待这些声音？**

答：很多快速发展公司都会遇到外界的不理解和不信任，因为从历史的角度来看，你永远都可以找到失败的案例，所以是很正常的评论和看法。如何让他们相信你？我认为这需要一个过程。对小鹏汽车而言，我们欢迎这些质疑。我们会用品质和数据来回应这些质疑。

**问：小鹏汽车此前获得了阿里巴巴的投资，在投资方的选择上主要考虑什么？**

答：作为一家科技企业而言，我们首先非常欢迎科技领域的投资方。其次，我们希望投资方能为我们的战略发展添砖加瓦，比如全球领域的影响力等。再者，我们希望投资方能提供一些切实可需的资源。

**问：外界喜欢用“南派造车”来形容小鹏汽车，您如何看？**

答：我觉得南派的优势在于实干。总体而言，南派企业的成功更多体现在长期规模化，而北派企业较可能在短期内获得迅速发展，所以这是两种企业成长方向。南派企业家应向北方企业家学习如何迅速成长，同时保持稳健的步伐。

## 观察

### “南派造车”有优势，能否量产是关键

近几年来兴起的互联网造车新势力中，总部以北京、上海的居多。总部设在广州的小鹏汽车，是少有的珠三角造车新势力的代表。

在记者看来，“汽车优势产业+互联网基因”是小鹏汽车最大的特色。小鹏汽车团队主要成员来自广汽、比亚迪、福特、宝马等整车和零部件公司，同时又结合了阿里巴巴、腾讯等互联网人才。

目前，广州是全国三大汽车生产基地之一，也是国家节能与新能源汽车示范推广试点城市。在新一轮造车热潮兴起之时，尤其在新能源和智能驾驶方面，广州有其得天独厚的优势。2018年5月，小鹏汽车又宣布选择广东肇庆作为汽车生产基地，“广佛肇”经济圈乃至珠三角的汽车配套链都可以为之所用。

不过，眼下摆在造车新势力面前最大的难题是，交付量产。

标杆企业特斯拉至今未能走出亏损的泥沼。2018年第一季，特斯拉净亏损扩大至7.85亿美元，同时还陷入了量产难题。提交了上市文件的蔚来汽车3年亏损100亿元，被外界视为“流血上市”，截至7月31日，总共交付车辆不足500辆车。

在互联网造车新势力的赛道里，以小鹏汽车为代表的“南派造车”能走多远还有待观察。建厂加快量产之外，小鹏汽车持续加码智能驾驶，有望在2020年实现L3自动驾驶的量产落地。

正如何小鹏所说，2019—2020年两年内大规模交付将是造车新势力的生死之年。互联网造车企业的窗口期越来越短，谁能胜出，答案很快会揭晓。

（彭琳　李赫）

# 演唱会上抓逃犯 技术靠的就是这家广州企业

2018年8月初，张学友演唱会上又一名逃犯落网。此前，已有多名逃犯在其演唱会上被抓捕归案。在感叹“歌神”魅力之外，安检使用的人脸识别技术也一度成为热议话题。

提供人脸识别技术的背后公司，正是广州云从信息科技有限公司（以下简称“云从科技”）。日前，云从科技研发的人脸识别跨镜追踪技术（Person Re-identification）取得重大突破，在Market-1501、DukeMTMC-reID、CUHK03三个权威数据集刷新了世界纪录。

## ➔技术突破：跨镜追踪在准确率上首次达到商用水平

提及人脸识别技术，首先联想到的可能是苹果手机人脸识别解锁功能。但事实上，云从科技的人脸识别技术远比苹果要复杂。

“如果说苹果手机是1对1，那么云从科技就是‘1对N’的人脸识别。”云从科技高级副总裁伍楚芸接受记者专访时这样解释两者的差异，苹果手机识别需要用户先提供照片然后进行比对，而云从科技可以直接在人群中找到某个人。

在“歌神”张学友的演唱会上，多名逃犯被警方抓获。在几万人的规模、灯光昏暗的演唱会上成功锁定逃犯，这背后就有“跨镜追踪技术”的助攻。

在计算机视觉研究的热门方向，云从科技自主研发的跨镜追踪技术可以从人群中分辨出追踪对象。简而言之，就是在人脸被遮挡或者远距离无法准确识别的情况下，通过衣服、发型、体态等特征，跨摄像头、跨场景下对人进行识别与检索。

成立于2015年3月的云从科技，专注于计算机视觉与人工智能，拥有自主知识产权算法，也是人脸识别的国家标准与行业标准制定企业。公开资料显示，云从科技于2017年11月获得顺为资本领投的5亿元B轮融资。

“算法之所以重要，是因为拥有自主知识产权的算法，才能在市场上拥有话语权与定价权。没有核心算法，就相当于失去核心技术，无论是研发还是发展，都相当受制于人。”在云从科技创始人周曦看来，拥有自主知识产权的算法是企业最核心的优势。

近日，云从科技在跨镜追踪技术上取得重大突破。在Market-1501、DukeMTMC-reID、CUHK03三个权威数据集刷新了世界纪录，其中在Market-1501上的首位命中率（Rank-1 Accuracy）达到96.6%，打破了阿里巴巴iDST在2018年1月创造的世界纪录96.16%。

“这意味着，跨镜追踪技术在准确率上首次达到商用水平。”伍楚芸表示，不要小看0.44%的差别，在机器学习领域，即便使用强大数倍的硬件，如果没有好的算法配合，正确率也很难有效提升。这将极大地推动业界技术研究与应用落地的进度，推动人工智能从“刷脸”走向全方位“识人”的阶段。

为了持续保持在技术上的优势，云从科技在广州、成都、重庆、上海、苏州五地都设立了研究院。在广州南沙，云从科技建立了AI视觉图像全球创新研发中心。周曦向记者表示，云从科技将依托南沙构建人工智能技术研发中心，打造全开放的人工智能核心平台。

## ➔应用落地：主攻行业市场，覆盖国内超七成银行

纵观国内几家主流的人脸识别智能企业，商汤科技主要提供早期的技术服务，在直播领域有着出色的表现；旷视科技作为支付宝的技术提供方，主要通过Face$^{++}$云平台提供远程认证服务；而云从科技则垂直于金融、安防、机场等行业。

“人脸识别技术的同质化非常明显，能否找到商业落地应用场景，对于公司发展至关重要。”伍楚芸表示，人脸识别在计算机视觉领域是发展最快的，市场应用方向也很广，为了增强自身造血能力和对算法产品的把控，公司创立之初就选择B端企业市场，而不是消费者市场。

目前，金融、安防和民航是云从科技的三大核心业务，金融行业是公司起步最早的业务。根据官方数据，截至2018年3月15日，已完成人脸识别技术招标的银行约为121家，云从科技中标了90余家总行平台，市场占

□ 云从科技人脸识别技术

有率约为72.7%，是国内银行业第一大AI供应商。

攻下金融领域之后，云从科技在安防领域取得突破。据统计，云从科技已向29个省厅的公安部提供以人脸识别为主要功能的安防系统。

此外，在民航领域的商业应用场景，云从科技再下一城。2018年4月，云从科技人脸识别技术正式落地广州白云国际机场T2航站楼。安检登机，直接“刷脸”即可完成。数据显示，云从科技的人脸识别占据全国近80%的枢纽机场。对于在B端企业市场取得的成绩，伍楚芸表示如履薄冰：“我们在长期的技术储备基础上，花了三年时间来探索商业场景，可见技术与商用之间的巨大鸿沟。”她预判，未来两三年，无法探索出商业落地的企业将难以存活。

近日，国际权威调研机构Gen Market Insights发布了《全球人脸识别设备市场研究报告2018》，该报告研究了全球人脸识别设备的市场状况。其中，云从科技在2017年的市场份额是12.88%，为全球市场份额第一；其次是英国生物识别供应商Aurora，占4.18%；第三位是中国公司浙大网新集团，占3.31%。

## ➔选址广州：政府搭好平台，企业纷至沓来

云从科技成立三年多以来，公司触角遍及全国多地，但广州依旧是总部大本营。

“总部选择广州，一方面因为我们的天使投资方佳都科技在广州；另一方面，广州的各项条件非常符合我们的需要。”伍楚芸表示，随着越来越多科技企业入驻南沙，广州在人工智能产业集群方面已初具规模，包括科大讯飞、小鹏汽车等人工智能企业陆续入驻。

作为云从科技的投资方，佳都科技也是广东人工智能的代表企业之一。2015年佳都科技投资5000万元，以占27%的股份成为云从科技的第二大股东，开始连接全球前沿安防的人脸识别技术。目前，佳都科技人工智能技术在安防、城市交通、人脸识别领域均有布局，与云从科技在产业链上形成优势互补。

与此同时，另外一家广州本土的人脸识别企业也崭露头角。近日，广州图普科技在国际权威海量人脸识别数据库MegaFace中，以99.087%的最新成绩在百万级别人脸识别测试中拔得头筹，参加这项测试的还有来自Google、微软中国、百度、腾讯等公司的人工智能团队。

云从科技人脸识别技术已应用在白云机场

近年来，广东涌现出了一大批人工智能领域的创新创业企业，初步形成了以腾讯、华为等大型龙头企业为引领，云从科技、科大讯飞等新兴企业蓬勃发展的格局。广东省政府公开数据显示，2017年广东人工智能企业数超300家，广州、深圳是广东人工智能的主要集聚地，拥有科大讯飞、云从科技、大疆创新、碳云智能、优必选等多家企业。人工智能创新产业集群效应初显。

省级层面关于人工智能的发展规划出台，更为企业发展指明了方向。省政府印发的《广东省新一代人工智能发展规划》，提出分三步走：到2020年，广东人工智能产业规模、技术创新能力和应用示范均处于国内领先水平；到2025年，广东人工智能基础理论取得重大突破，部分技术与应用研究达到世界先进水平；到2030年，人工智能基础层、技术层和应用层实现全链条重大突破，总体创新能力处于国际先进水平。

“政策的指引和支持，大力推进了人工智能初创企业发展。”第三方咨询公司艾媒咨询CEO张毅指出，人工智能产品面临着研发周期长、研发成本高等问题。产品研发完成之后，能否快速地应用到各类场景中非常关键。目前，政府在推动商业应用落地方面给予了企业很大支持。据了解，广州市政府已经将人脸识别运用到不动产登记、驾校、地铁进站等各领域。

商业应用提速，驶入快车道的云从科技亟需高端科技人才。仅2018

年第一季度，公司就新招了200名员工。“目前，人工智能整个行业人才结构短缺，我们期待政府在人才政策上给予更大支持。”伍楚芸坦言，对于人工智能等尖端技术人才来说，他们更看中工作和生活的生态圈。她建议，政府相关部门在住房、教育、医疗等领域加强生活保障，同时构建企业产业链生态圈，双管齐下吸引和留住人才。

## 观察

### 自有核心技术与商业应用落地并重

短短三年时间，云从科技从众多人工智能企业中脱颖而出，占据2017年全球人脸识别市场份额第一。深究其因，一是拥有自主知识产权的核心算法，二是专注B端企业市场的商业应用落地。

云从科技团队来自中科院的人脸识别团队，团队拥有自主人脸识别核心技术，并且技术关键指标均处于国际领先水平。正如周曦所说，核心算法技术是科技创新企业安身立命之本。企业牢牢掌握自主权，是自身议价能力不断提升的底气。

寻找技术与市场契合点，是云从科技成功的另一个重要因素。致力于人脸识别技术研发的企业众多，应用到哪个市场，采用哪种经营模式，决定了初创企业起步的方向和速度。云从科技从安全性要求最高的金融行业入手，一旦拿下此类客户，由于安全性等因素，客户一般不会更换供应商，这样有利于企业构建起行业壁垒。

而广东对于人工智能领域的战略布局和产业支持，则是推动云从科技快速崛起的重要外部力量。尤其目前广州南沙聚集了一大批人工智能创新企业和产业上下游供应链企业，集聚效应初现，推动了整个产业高速发展。

（彭琳　龚鸣）

### 广州造无人机飞进日本

# 收好这份无人机创新图鉴

美国纽约，最新一款的大疆便携式无人机刚刚发布；日本大阪，极飞科技的无人机正在稻田里喷洒作业；中国厦门，1589架亿航智能的无人机编队上演了一场“千机变”视觉盛宴……

上述三家无人机企业均来自广东。在全球无人机创新的新一轮版图中，广东企业正成为重要引擎，引领着消费航拍、农业喷洒、编队表演等领域不断创新。

以大疆创新为龙头企业，辐射深圳周边地区带动整个珠三角的无人机产业发展。据《经济日报》报道，2018年上半年，经深圳关区出口的无人机达198.6亿元，同比增长38.9%。其中，从深圳出口的民用消费级无人机，已占全国消费级无人机出口总量的90%。

## ➔持续引领全球消费无人机市场

北京时间8月23日晚上10点，大疆创新的新品发布会在美国纽约举行，推出了“御”Mavic 2专业版和“御”Mavic 2变焦版，备受业界关注。

作为全球消费无人机的领头羊，大疆创新占据全球市场第一大份额。根据IDC的数据统计，大疆创新占据全球消费级无人机市场七成以上的份额。

近几年来，大疆创新的营收持续增长。前瞻产业研究院《2018—2023年中国无人机行业市场需求预测及投资战略规划分析报告》显示，2015年大疆销售额为59.8亿元，2016年销售额为97.8亿元，2017年销售额达到175.7亿元，同比增长80%。

持续引领全球消费无人机市场，与大疆创新的不断创新密不可分。

不久前，大疆创新的创始人汪滔和其导师李泽湘教授获得了2019 IEEE机器人与自动化大奖。这一奖项是全球工程技术领域最重要的奖项之一，汪滔成为中国内地首位荣获该奖项的企业家。

“此次获奖是对大疆创新在学术科研、产业发展上努力的肯定。”大

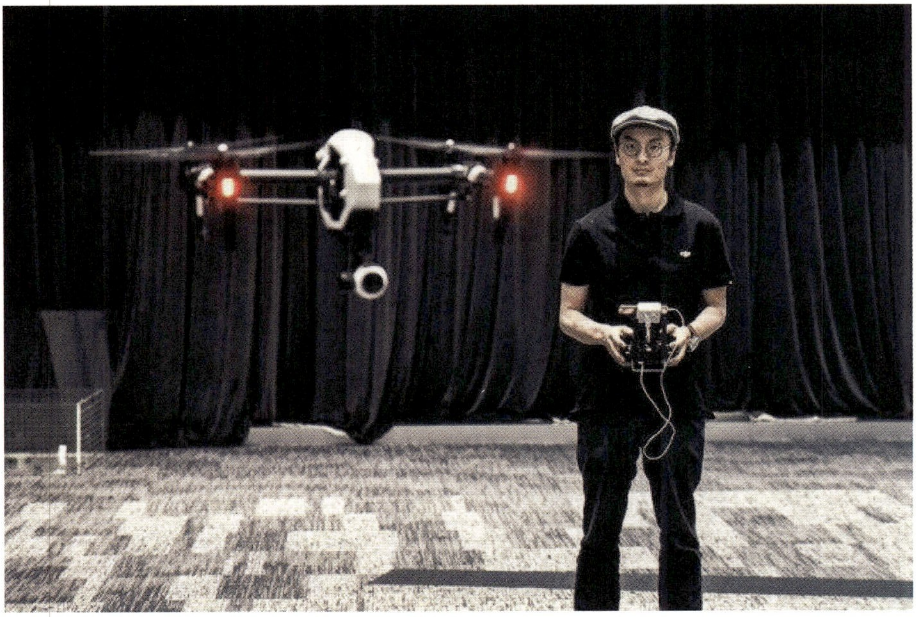

□ 大疆创新创始人汪滔

疆创新总裁罗镇华接受采访时表示，目前，研发和工程技术人员占公司一半，研发投入占销售额15%左右，未来将继续加大投入。

不过，随着消费级无人机市场空间的饱和，也有观点认为大疆可能面临行业天花板。

对此，罗镇华认为，随着视频内容消费的爆发，持续看好视频影像领域对生产工具的需求。在未来很长时间，消费级产品将是无人机行业主要收入来源。“无人机行业应用是一个新兴的领域，从长远来看成长潜力可期，大疆也将储备技术人才，不断探索创新。”

上个月，由大疆创新独立策划执行的机器人大赛RoboMaster 2018机甲大师刚刚落下帷幕。赛事负责人高建荣表示，大疆创新举办比赛的初衷很简单，希望发掘行业工程师，储备更多技术人才。

深圳无人机行业协会会长杨金才认为，大疆消费级无人机在中国以及欧美国家，市场相对饱和。但是，在中东、非洲、南美、中亚等地区，大疆消费级无人机还刚刚起步，未来大疆消费级无人机市场空间还非常非常大。

## ➔农业无人机粤企进军国际市场

在新疆巴州和硕县田间种植着一种工业辣椒“铁皮辣子”，是口红的一味重要原料，采摘后将配送给香奈儿、迪奥等一线化妆品公司。为这些“铁皮辣子”喷洒农药的无人机，正来自广州极飞电子科技有限公司（简称“极飞科技”）。

在过去，请工人采收1平方米需要1.5元左右。而用极飞无人机喷洒落叶剂，每亩地可以省60元左右的成本。如今，巴州辣椒落叶剂喷洒覆盖率为80%以上。

2017年开始，极飞科技走出国门，进军国际市场，先后进入日本、美国与澳大利亚市场。

极飞科技联合创始人龚槚钦向记者表示，2017年1月进驻日本后，将子公司设立在日本。“2018年年初正式开始在日本销售，服务范围已经覆盖了日本的主要水稻种植区域，如九州、关西、北海道等地区。”

□ 亿航自主研发的载人无人机

2018年6月，日本国际新闻频道NHK WORLD News专门报道了中国河南农民李建成的“飞手”（无人机操控人员）故事：他在一年时间里，使用4台农业无人机，打农药过万亩。李建成使用的无人机，正是来自极飞科技。

一台农业无人机，工作效率是人工的60倍，每小时作业量可达60亩，并且支持夜间作业，极飞科技正改变着传统农业，也让很多像李建成一样的农民变成了“飞手”。“植保现在就像刷墙一样简单。”湖北黄冈的“飞手”余川明也表示，极飞学院短短一周培训就让他可以熟练操控植保无人机进行“傻瓜式”飞行。

极飞科技成立于2007年，是一家专注于农业科技商用无人机制造企业。截至目前，在中国、日本、澳大利亚等6个国家设有运营机构。

龚槚钦向记者表示，目前每天在运营的农业植保无人机超过8000架，日作业面积达60万亩，服务已经覆盖了全国所有省份。2018年上半年总作业面积超过3000万亩次，历史累计作业面积突破4500万亩次。

在广东，农业无人机不只极飞一家，涉足该领域的还有大疆、深圳天鹰等公司。与极飞事先规划路线，喷洒农药时解放农民眼睛和双手的思路不同，大疆直接沿用消费级市场思路，注重飞手操控飞机喷洒农药。思路不同，导致二者应用场景的差异，极飞适合东北、新疆较为广阔的地域，大疆则更能在长江以南不规则农田中大显身手。

## ➔编队表演成为无人机商用新场景

编队飞行表演，正成为无人机商业应用的场景创新，并且日益成熟。

2018年8月9日晚间，中国厦门，亿航白鹭传媒科技有限公司（以下简称“亿航白鹭”）以1589架无人机的天幕表演献上了一场“千机变”的视觉盛宴。1589架无人机——也打破了2017年其在《财富》全球论坛期间小蛮腰上空创造的1180驾无人机编队飞行世界纪录。

但超过1000台无人机在天空中变幻出各种图案造型，对于技术的要求极高。一般的GPS定位精度在2.5米左右，而亿航白鹭使用的厘米级定位技术的误差横向不超过2厘米、纵向不超过3厘米，也就意味着飞行定位的误差范围不超过一个矿泉水瓶瓶盖大小。

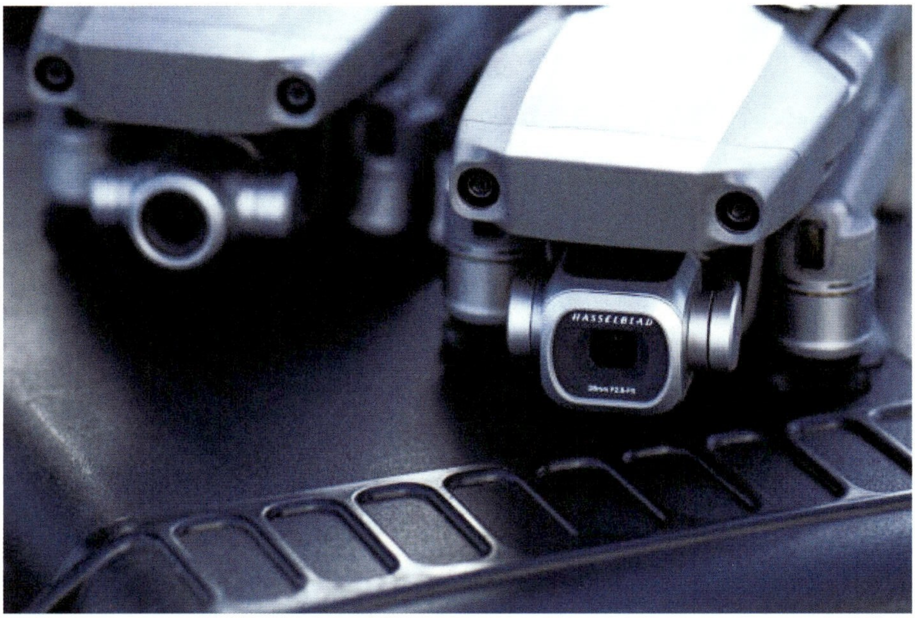


□ 亿航自主研发的载人无人机

亿航白鹭董事长石哲元向记者表示，为了提升无人机编队飞行表演的稳定性，团队在技术上不断创新：从传统的人为操控到“一人一台电脑”操控，再到现在实现了云智能系统操控。“这套云智能技术，一人操作，一套系统实时监控，通过预测判断提前修正问题。高精度的RTK-GPS载波相位差分技术，为每架无人机提供厘米级精准定位。”

亿航白鹭隶属亿航智能技术有限公司（以下简称“亿航智能”），是2016年新成立的子公司，专注无人机表演业务。亿航智能联合创始人熊逸放向记者表示，无人机编队表演是亿航智能商业应用场景的最新突破，2017年累计有上万架次无人机完成了飞行编队任务。

不过，对于亿航智能在无人机飞行表演业务的开拓，外界也有质疑，认为是其在失利消费无人机市场后的无奈之举。对此，熊逸放回应称：“我们希望打造一个空中生态系统，包括无人机编队表演、自动驾驶飞行器、无人机配送物流等等，有发展潜力的新业务模式都值得尝试。”2018年2月，亿航智能也首次进行了“亿航184”系列自动驾驶飞行器的载人试飞。

第三方咨询公司艾媒咨询CEO张毅分析认为，表演无人机是消费级无人机的一种新的商业模式，有一定的市场需求和发展潜力。但无人机市场的长远发展，还需要更加开放的低空政策以及与符合各类无人机应用与运行场景的配套监管体系。

在熊逸放看来，创立四年时间快速成长，离不开广东政府大力推进创新驱动发展战略。“广东拥有十分开放的政策环境，作为全国最早开放低空空域的试点城市，给无人机企业提供了良好的土壤环境和发展空间。”

观察

## 广东无人机产业创新错位发展

全球无人机看广东。

纵观行业，既有专注于消费级无人机市场的行业巨头大疆创新，也有深耕农业植保领域的极飞科技，还有拓展到无人机编队飞行表演、载人自动驾驶飞行器的亿航智能，广东无人机产业创新正形成错位发展、协同发展的良性竞争格局。

在各自不同的细分领域，广东无人机企业寻求技术创新与模式创新并进的双驱动发展。企业迸发出来的自生动力、产业体系构建的协同效应以及相关政策的大力支持，合力推动无人机产业链上下游的联动创新。

以大疆创新为龙头企业，带动极飞科技、亿航科技等300多家无人机竞相涌现，助推广东无人机产业成为广东智能制造的一张名片。

（彭琳）

## 广深港澳科创走廊加速要素流动

# 把握创新掘金机遇





在香港商汤科技工作的尚海龙，每周要跑深圳2—3次，他说“全公司员工每月往返深、港两地超过1000人次”；在香港城市大学获得博士学位的黄源浩，从美国回到深圳创办了专注3D传感器的奥比中光；斯坦福毕业回国创业的刘自鸿，则在2012年直接选择在深港及硅谷同时创立柔宇科技。

近年来，香港的科研力量搭配珠三角的广阔市场，孕育诞生了一批明星科创企业，如柔宇科技、奥比中光等。2017年12月，广东省委、省政府印发了《广深科技创新走廊规划》，连接广州、东莞、深圳，打造“一廊联动十核驱动”的创新高地。如今，广深科创走廊范围延伸到了港澳。

2018年8月15日，粤港澳大湾区建设领导小组全体会议上提出，要建设“广州—深圳—香港—澳门”科技创新走廊，打造大湾区国际科技创新中心。种种迹象表明，创新要素加速流动、联动，广深港澳科创走廊正在撑起大湾区的创新“脊梁”。

## ➔集聚，创新产业集群规模显现

打开地图，从广州途经东莞再到深圳的100多公里，串起了广州琶洲、东莞松山湖、深圳南山等数十个宛若明珠的创新关键节点。夜幕降临，这里是珠三角灯火最为璀璨的区域之一。

广州琶洲互联网创新集聚区，腾讯、阿里、复星、国美、唯品会等16家龙头企业的总部大楼正在热火朝天地建设中；6公里之外的广州天河，上千家互联网企业汇集于此，年营收规模超过1000亿元；50公里外的广州南沙，占地3000亩的人工智能产业园，已落户云从科技、科大讯飞、小马智行等人工智能企业。

“越来越多科创企业入驻南沙，人工智能创新产业集群方面已经初具规模，上下游企业之间的合作增加，创新要素加快流动。”云从科技高级副总裁伍楚芸如是说。

沿东南而下，来到广深科创走廊的另一个重要节点——东莞松山湖。在这个被称为“世界工厂”的城市，雄厚的制造业基础正在吸引着周边创新力量的聚集。

香港科技大学教授李泽湘，曾指导学生先后创办了大疆创新、固高科技和李群自动化等多家明星机器人企业。2014年年底，他带领团队来到松山湖，发起成立了松山湖国际机器人产业基地。李泽湘说：“香港是国际都市，深圳是‘中国硅谷’，而东莞是‘世界工厂’。三个地方优势互补，抓住这个重点就抓到了大湾区创新发展的核心。”

如今，这里聚集了300多家机器人企业。据官方数据，2017年松山湖全年实现规上先进制造业增加值304.69亿元，同比增长18.5%，占园区规上工业增加值的比重达91.58%。

距离东莞松山湖47公里，深圳留仙大道大学城片区的南山智园：14栋高耸的办公楼里聚集着超过100家优质科技企业，公开数据显示这里2017

□ 香港科技园一景

年产值超过300亿元。机器人公司优必选科技有限公司（以下简称“优必选”），就是其中一家。记者走进优必选，办公区、实验室甚至走廊上，研发人员随时随地进行机器人调试。一不小心，就有一个机器人从记者脚边溜过。

成立于2012年的优必选仅用了6年时间，就成长为估值超过40亿美元、国内首家实现人形机器人商业化的公司。优必选创始人兼首席执行官周剑告诉记者：“商业化成功落地，一方面因为公司拥有自主研发的伺服舵机技术；另一方面，珠三角成熟的硬件供应链，使得硬件创业者可以轻松实现所有环节的连接。”

2017年，仅深圳市南山区企业的专利申请就有1.3万多项，占全国的四分之一。广东省科技厅数据显示，截至2017年年底，我省共拥有国家级创新型产业集群10个，省级创新型产业集群16个，26个产业集群实现工业总产值超过1.2万亿元。

新技术与新思维在这里迸发，越来越多科创企业汇集，勾勒出珠三角创新产业的聚集带。

## ➔协同，广深港澳创新要素加速联动

2007年5月，出生于广东潮州的80后小伙黄源浩正在香港城市大学攻读博士学位。同月，深圳与香港签署了《“深港创新圈”合作协议》，旨在统筹深港科技交流和合作，这一协议也为粤、港、澳三地深化科创合作埋下“伏笔”。

6年后，在香港和美国完成博士后研究的黄源浩，最终选择回到深圳创办了奥比中光科技有限公司（以下简称“奥比中光”）。2015年，奥比中光自主研发的3D传感摄像头正式量产，成为继苹果、微软、英特尔之后的全球第四家，也是亚洲唯一量产消费级3D传感器的公司。

近年来，类似奥比中光这样诞生在粤港澳大湾区“创新圈”的科创企业不断涌现。2014年成立的商汤科技同样来自香港，专注于计算机视觉和深度学习的原创技术。这家从香港科学园孵化出来的科创企业，如今在香港、深圳、北京、上海等地均成立分支机构。其中在粤、港两地，商汤科技员工超过800人，占比超过1/3。

在商汤科技香港公司总经理尚海龙看来，“粤港澳大湾区内的创新要素正在加速流动，其中人才流动尤其明显”。他每周要跑深圳2—3次，全公司员工每月往返深、港两地超过1000人次。

“如果说香港是我们的技术中心，那么深圳就是我们的供应链中心，商汤科技关于硬件制造、软硬一体的项目基本都是在深圳实现。”据尚海龙介绍，通过深圳，商汤科技在粤港澳大湾区均已经实现技术落地，覆盖了从智慧城市到手机到机器人等18个行业。

而商汤科技的“诞生地”——香港科学园，近年来也在加强与深圳的科技创新互动。

“这里汇集着超过700家科技企业和香港超过一半科研人员，企业来自全球20多个国家和地区。”香港科技园公司董事查毅超表示，截至2018年上半年，已有4家企业上市。早在2015年，该公司就与深圳市科技企业孵化器协会签署合作协议，旨在加深两地科创企业在科技交流、产业推进等方面的合作。

深、港两地在科技创新领域的频繁联动，离不开政府的前瞻部署。2017年年底，广东省委、省政府印发了《广深科技创新走廊规划》。如今，广深科创走廊范围延伸到了港澳。

2018年8月，对于粤港澳大湾区的创新载体，中央顶层设计给出了明确答案。粤港澳大湾区建设领导小组全体会议上提出，建设“广州—深圳—香港—澳门”科技创新走廊，打造大湾区国际科技创新中心。

## ➔探索，大湾区科创联动需突破瓶颈

“香港可以做出高科技的研发，但它的市场有限；深圳也可以做出高科技，但国际化优势不够突出。”在尚海龙看来，商汤在香港起步，就是因为香港具有对接国际以及科研人才聚集的优势，而商汤在大湾区城市的技术落地，则离不开深圳等珠三角城市的政策环境支持。他认为，未来粤港澳大湾区要推动持续的创新，一定要将各地的优势协同发展。

一直以来，香港、澳门被认为拥有高校、科研、金融、国际化等方面的优势，广州则有发达的外贸及电子信息产业，深圳拥有完善的科创产业链条，东莞、佛山等地沉淀着雄厚的制造业基础。大湾区内各城市的创新要素流动和科创产业联动，正成为一种趋势。

2018年6月，柔宇科技自主研发的全球首条类六代全柔性显示屏大规模量产线正式投产。董事长兼CEO刘自鸿表示：“深圳是柔宇的研发总部，并承担主要的量产工作；香港则对接全球供应链资源、国际市场、人才等等；此外，硅谷团队主要开拓前沿技术研发。这样的布局对柔宇六年来的快速发展起到了关键作用。”

广东省社科院企业研究所所长李源向记者表示，香港过去的产业不是以科创产业为主，而是以金融和实业为主。“如今，将香港的创新成果拿到广东进行转换，这是粤港澳大湾区进行协同创新很重要的一种方式。”

记者了解到，港澳的研发优势一定程度上正在通过高校之间的合作向珠三角地区流动。相关数据显示，粤港澳高校本科合作项目已接近190项、广东高校及国际港澳台科技合作平台已立项建设达78个。

目前，包括香港中文大学在内的香港6所大学在深圳设立72个科研机构，香港科技大学在深创办了包括幻音科技、固高科技、大疆创新等23家企业。其中，李泽湘带领孵化的明星企业大疆创新，占据着全球消费级无人机市场七成以上的份额。

“香港高校的人才优势，如何有效转化为大湾区的创新动力是眼下需要突破的一个关键。”对于人才的流动，李泽湘曾公开表示，尽管香港科技大学培养了一批不错的学生，但在过去很多都去了美国深造或发展。为此，他在哈工大深圳研究生院负责一个学科部，按香港科技大学的模式来培养。从2004年到2010年，李泽湘培养的一批批学生已经在珠三角乃至中国的硬件装备领域成为中坚力量，创办了不少科技公司。

在广东省政府参事、省委党校经济学教授陈鸿宇看来，香港研发的成果在内地进行产业化并取得成功，还需要突破一些瓶颈。他提到，香港的基础研究很多并不是专门为经济服务。此外，在创新要素方面，如人才、资金、成果等，三地政府都在积极地对接，也形成了一定的协调机制，但总体上还是处于流动较困难的状态。

李源也认为，需要找准制约大湾区协同创新发展的瓶颈，通过合作机制的创新来促进创新要素在大湾区内的集聚和流动。其中，最重要的是，如何在人才的流动和集聚上突破一些制度上的障碍。

观察

## 关键是实现大湾区内科创要素联动

香港、澳门拥有雄厚的基础科研能力却没有成熟的市场，珠三角等地拥有完善的产业链但相对缺乏国际化对接。这样的错位优势，使得粤港澳大湾区内的科创联动非常必要。

从香港科技大学来到深圳创业，再到称霸全球消费级无人机市场——大疆创新开了粤港澳大湾区科创联动的先河。大疆之后，李泽湘依托香港科技大学的支撑，带领团队来到东莞继续创业。而类似商汤科技、奥比中光等科创企业的不断崛起，也让我们发现大疆创新的成功并非不可复制。

大湾区内各种创新要素加快联动，正在成为一种趋势。不过，正如陈鸿宇教授所说，在趋势之下大湾区内科创要素联动仍不够流畅。例如粤、港、澳三地，有着三个独立关税区、三种不同法律制度以及三种不同税务制度，这在一定程度上限制了三地科创要素的联动。

政策层面来看，从“深港创新圈”，到广深科创走廊，再到广深港澳科创走廊的规划，通过体制机制的创新，上述障碍也将有望打破。通过机制创新和模式创新，广州、深圳、香港、澳门四地创新要素必将加速联动流动，广深港澳科创走廊也将成为撑起大湾区的创新“脊梁”。

（彭琳　李赫）

# 粤港澳大湾区
# 带动创新要素跨境联动



登上春晚与主持人亲密互动的机器人阿尔法、亚洲唯一量产的消费级3D传感器、全球最薄的柔性显示屏……这些“明星”产品分别来自广东创新企业优必选、奥比中光、柔宇科技。在他们背后，均有同一家风险投资公司——松禾资本的身影。

创新离不开资金和资本。风投创投作为创新的“催化剂”和“加速器”，对推动粤港澳大湾区新技术、新产品、新产业、新业态蓬勃发展功不可没。近年来，一大批本土风投创投机构正在成长为建设大湾区国际科技创新中心的中坚力量，为粤港澳的创新创业发展注入源源活水。

数据显示，广东已成为全国规模最大的股权投资市场之一。根据2018年5月广东省社科院发布的《广东风险投资报告（2017）》，目前广东省已在基金业协会备案的创业投资机构达2930家，位列全国第二。

## ➔风险投资为创新企业赋能

广州菌落生物科技有限公司（以下简称“菌落生物”）是国内首家专注于将微生物资源商业化的创新型生物技术公司。菌落生物初创时，公司规模偏小，内部经营管理和外部市场开拓也缺乏清晰思路，产品应用并不为行业看好。

然而，一家本土风投机构详细了解、研究分析后却认为这是一个难得的好项目，并预测其短期能在生物农业领域获得稳定收益，中长期还将于微生物医疗方面取得爆发性增长。

这家机构正是广州越秀产业投资基金管理有限公司（以下简称“越秀产业基金”）。经过审慎论证决策后，越秀产业基金成为菌落生物的天使轮投资人。

在投资菌落生物后，越秀产业基金还积极为其对接客户资源、招募高级研发人员、帮助其从北京整体搬迁至广州市开发区。经过双方的共同努力，菌落生物快速发展，近期又完成了由弘晖资本领投的6000万元Pre-A轮融资，同时越秀产业基金也对其继续增投。

菌落生物只是初创企业获得风险投资“赋能”的众多案例之一。记者梳理了20家广东创新代表企业当前的融资情况，其中包括大疆创新、碳云智能、云从科技等明星创新企业。经统计，有15家企业在B轮以前的融资有风险投资参与，数量占75%。

“我们希望能在A轮、B轮早期阶段，找到有更高技术门槛的和行业头部的创新创业企业。”松禾资本合伙人袁宏伟向记者表示，从营造创新环境到聚集创新人群，再到创新企业形成区域发展，这是一个创新驱动的闭环链条，而风险投资就是其中重要的一环。

在袁宏伟看来，在产业转型的过程中，风险投资既冒了一定的风险，也承担了应有的责任。“尽管有一些投资失败的案例，但风投的成长也伴随着创新企业的整体发展和产业转型的成功。”

越秀产业基金总裁卢荣同样认为，风险投资对于区域创新发展至关重要，“尤其是本土创投资本的崛起将更好地推动广东创新企业的发展”。

卢荣介绍了广州越秀生物产业基金，这是越秀产业基金设立的第一只行业基金，主要由公司“健康医疗投资博士军团”负责，重点投向广州生物医药创新创业企业，曾助力越洋医药、慕恩生物、大洲生物等优秀生物医药项目。

在卢荣看来，风险投资必须要为创新企业赋能，赋能性投资是风投创投机构“注重价值提升”投资策略的核心体现。赋能投资意味着创投机构不仅是财务投资人，还是创业型企业的领路人和助推者，为企业提供全方位增值服务，“比如，要敢于投资有前沿创新技术的早期项目；比如，能持续为被投企业寻找上下游合作伙伴、境外并购标的等资源”。

## ➔本土创投机构步入发展快车道

“投资机会多、政策力度强、发展前景广阔，这是越来越多私募和风投资本在广东本土集聚成长的主要原因。”广东省粤科金融集团（以下简称“粤科金融”）相关负责人在接受记者采访时表示，大湾区创新创业势头火热，在其中的投资布局已成为各大风投创投机构的重要选项。

近日举行的粤港澳大湾区创投50人论坛上，包括中信产业基金、弘毅投资、深创投等机构的负责人以及粤科金融、粤财基金等广州本土优秀创投机构的“当家人”齐聚一堂，畅聊湾区机遇与创投发展。卢荣对此深有体会：“作为全球第四大湾区，粤港澳大湾区吸引了全球投资机构的关注。”

袁宏伟也认为，大湾区是一个非常好的愿景：“未来10年，如果可以通过营造更好的创新环境，让湾区产业融合加速，我相信一定还会有更多的‘华为’、更多的‘腾讯’、更多的全球一流企业出现。”

值得一提的是，松禾资本目前在粤港澳大湾区的投资比重就已达50%，曾投资了优必选等创新企业。袁宏伟说：“松禾资本的资金支持，在推动优必选商业化落地和大规模量产发挥了重要作用。”

越秀产业基金同样在粤港澳大湾区加大了投资比例。据卢荣介绍，目前越秀产业基金在粤港澳大湾区内投资项目数量占总投资项目数量的比

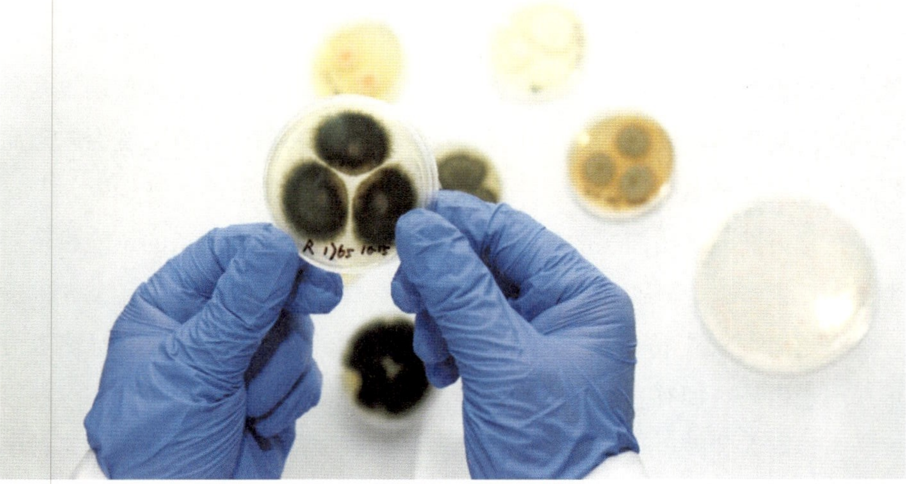

□ 菌落生物研发人员正在工作

率是52%；2018年上半年，越秀产业基金股权投资过会项目在大湾区的占比是67%；越秀产业基金所管理基金来自大湾区内投资人占比超过了90%。“可以说，我们的投资正是按照广深港澳科技创新走廊的战略来布局的。”

可以看到，广东本土创投机构正步入发展快车道。仅以广州为例，数据显示，2011年全市注册的私募股权机构不足200家，而截至2018年上半年，在穗注册股权投资机构已增加至5577家，其中在中基协备案的机构812家，整个行业呈现出一派欣欣向荣的景象。

## ➔打造国际风投创投中心

从中央再到地方，关于创新的政策接连出台。

2018年8月15日，粤港澳大湾区建设领导小组全体会议提出，建设“广州—深圳—香港—澳门”科技创新走廊，打造粤港澳大湾区要打造国际科技创新中心。

2018年8月23日，广东省政府发布《强化实施创新驱动发展战略进一步推进大众创业万众创新深入发展的实施意见》，提出将打造国际风投创投中心，进一步优化创新创业生态环境。

“国际科技创新中心，离不开国际风投创投中心。”粤科金融上述负责人这样形容风投创投在大湾区创新创业发展中的影响。“风投创投是科技创新的助推器，旺盛的资本市场对于解决科技初创企业启动资金缺乏问题、促进科技成果转化和高科技产业化等都将起到显著的促进作用。”

在这方面，美国湾区的硅谷已经成为很好的示范，活跃的风险投资对于创新要素聚集、产业结构转型升级均有重要的推动作用。

在记者此前走访世界级三大湾区时，旧金山教授邝铁诚曾对记者表示，旧金山湾区拥有全世界几乎一半的风险投资资金。“旧金山湾区的投资集中于高新科技、分享经济、生物科学等领域，为这些企业提供‘种子资金’（Seed money）”。

更令人印象深刻的是，斯坦福大学西侧的沙丘路是全球风险投资公司的聚集地。短短两三公里，密布着300多家风险投资机构，掌管着2300亿美元的市场，其中的风险投资金额占据美国的三分之一。在当地，企业、高校、资本联系紧密，硅谷孕育出的谷歌、思科、特斯拉和脸书等数十家科技巨头和互联网新贵形成了创新企业集群。

随着粤港澳大湾区建设渐入佳境，风投资本在香港、澳门、广东之间的流动有望带动创新要素的跨境联动。袁宏伟表示，松禾资本也有投资于香港的创新项目。香港的资本市场对于企业具备一定的吸引力，不少创新企业也希望在香港上市。

不过，目前香港和内地之间的投资仍存在法律法规差异、资金审批程序烦琐等问题，袁宏伟对于在大湾区中实现更便利的资金融通机制寄予期望。“如果风投资本能够更加便利地投资粤港澳大湾区中的企业，会对创新产业发展大有帮助。”

观察

## 大湾区风险投资流动仍有待加强

记者在走访旧金山湾区时发现，这里的资本与科研、高校与企业连接紧密。当地资本要素高效流动，是硅谷“腾飞”的重要推动力。不少创业团队成员来自高校，而风投公司的人员也会积极参与到高校学术讨论的会议中来。如此，创新的点子可以零距离与资本对接并得以用最快速度实现。

在粤港澳大湾区中，香港拥有活跃的国际资本、知名高校，广东则拥有完善的生产上下游链条。让更多香港资本在大湾区内高效流通，成为不少创业者和风投家的愿景。

正如袁宏伟所言，广东省目前在世界级的科技高校、一流的研发环境以及与国外行业龙头企业的沟通等方面还有所欠缺。未来，需要把广州、深圳、香港、澳门四地在风险投资方面不同的优势结合起来，让风险投资更加灵活高效运转，才能进一步推动大湾区科技创新发展。

从“广深港澳科创走廊”到“粤港澳大湾区国际科技创新中心”，创新驱动发展战略不断深化。以科技创新企业为强劲引擎，带动产业转型升级，本土创投家、风投创投机构不断创新投资思维，为粤港澳大湾区高质量协同发展注入新动能。

（郭家轩　唐子湉　郭静怡　蒋希铭）

广东独门秘籍

# 如何打造硅谷式创新生态圈

2018年5月，珠海云洲智能科技有限公司（以下简称“云洲智能”）展出的全自动中型探测无人艇M40型“听风者”吸引了全球目光。成立短短八年时间，这家公司实现了从世界第一艘环保无人船到全自动中型探测无人艇的飞跃。

几乎同一时间，中国平安旗下的平安好医生在香港成功上市。在“金融+科技”的双驱动战略下，平安已经成功孵化出四家新经济企业，另外三家分别是陆金所控股、金融壹账通和平安医保科技。

不难发现，一种“梯次交错”的创新企业图谱正在广东绘成：“新生代”科创企业如星星之火，点燃燎原之势；对于老牌龙头企业，“创新”依然是创造良性循环、实现向上突围的原动力。

目前，广东加速构建全链条创新创业生态圈。2018年8月22日，广东省政府发布了《关于进一步推进大众创业万众创新深入发展的实施意见》。公开数据显示，2017年广东区域创新综合能力首次跃居全国第一。科技创新不仅为市场带来了新兴业态，也为广东经济高质量发展注入强劲动能。

## ➔“新苗”与“大树”共生，创新基因裂变成长

在被誉为“海上秘境”的珠海万山群岛海域，56条无人艇“鲨群”快速集结，整齐划一地完成着任务分配、队形变换、协同避障等一系列测试，实现了世界上最大规模的无人艇集群协同演练。这些无人艇来自云洲智能。而在太平洋的另一端，大疆创新在纽约的新品发布会刚刚结束。首款搭载哈苏变焦镜头的消费级无人机，再度引领“上天入地”的拍照潮流。

大疆创新创始人汪滔与云洲智能创始人张云飞，同为香港科技大学的校友。毕业后，两人不约而同地回到广东创业，一个聚焦蓝天，另一个投向大海。两个80后，在各自领域演绎着科技力量的创新故事。

如今，大疆创新成为无人机行业的领军企业，占领近七成的全球民用消费级无人机市场。云洲智能建起了国内首个无人船艇研发测试基地，迈向全球海洋智能创新企业。“从最初的环保无人船到现在海洋测绘无人船，技术创新让我们加速走向‘深蓝’。”张云飞说。

在广东的交创新企业图谱中，“梯次交错”的景象令人印象深刻。以大疆创新、云洲智能为代表的新生代科创企业如星星之火，渐成燎原之势；而对于腾讯、平安等一批成长于此的老牌龙头企业来说，创新同样是不断发展的原动力。

2011年，移动互联网时代呼啸而来，腾讯果断转身，推出现象级社交产品“微信”。而后，创办微众银行、发力“腾讯云”、搭建众创空间。正如马化腾在公开信中所说，这种“去中心化”的开放战略，让“一棵大树”变成了“一片森林”。

对于另一部分企业来说，创新还意味着跨界。

2018年7月，中国平安首次对外披露了公司的五大创新科技——生物识别、大数据、人工智能、区块链与云平台。目前，平安内部成功孵化出

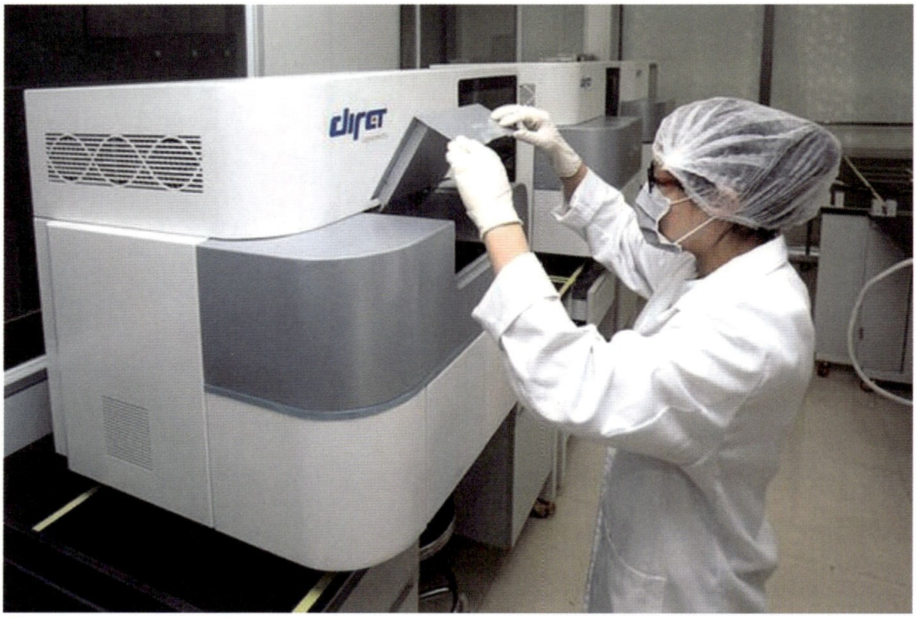

□ 瀚海基因Geno Care第三代单分子测序仪样机

四家新经济企业：陆金所控股、金融壹账通、平安好医生、平安医保科技。其中，平安好医生已于2018年5月在香港成功上市。中国平安董事长兼首席执行官马明哲表示，要用科技赋能金融，科技赋能生态。

开放包容的生态下，这种内生动力不仅停留于企业本身。一批批从巨头走出的优质人才和企业，正带着这股流动的创新基因在广东加速裂变生长。

以腾讯为例，据单飞企鹅俱乐部发布的《2017腾讯系创业风云榜》统计，截至2017年年底，从腾讯离职的“单飞企鹅”有2万多名，创业项目近1000个。其中，乐信集团、淘米网、电魂网络均已上市。

## 产学研深度融合，为创新生态注入活力

“我要做科学家，也想做企业家。”2012年，完成斯坦福大学博士后研究员工作的贺建奎毅然回国，成为南方科技大学（以下简称“南科大”）的一名80后教授。在这里，教授被鼓励创新创业，每周可以有一天在企业服务，教职工可以获得以职务发明及技术作价入股企业进行转化收

益的70%。

斯坦福的求学经历，让贺建奎深知高校与产业“碰撞”的无限潜力。

在南科大开放创新的体制机制下，他创办瀚海基因科技有限公司，研发出全球第三代基因测序仪。2018年，瀚海基因又完成2.18亿元的A轮融资，正在建1万平方米的三代测序生产线。

“产学研联动可以有效实现科研与商业的相互支撑、相互促进，硅谷的崛起就是最佳证明。”据贺建奎介绍，目前南科大已构建起一套适配深圳创新链条的产学研和技术转移体系，鼓励教授创办25家高科技企业，实现科技成果市场价值近8亿元。

距离深圳47公里之外的东莞，大疆创新创始人汪滔的导师、香港科技大学教授李泽湘，带着学生们走出象牙塔，创办松山湖国际机器人产业基地。

目前，该园区还汇聚了中国散裂中子源、中以国际科技合作产业园等一批具有国际化背景的科研创新机构和企业。对于产学研深度融合，李泽湘满怀信心：“应该以创新教育来推动创新产业的发展，使得大湾区的核心地带‘港深莞’首先冲出来。”

贺建奎和李泽湘的案例，只是广东产学研深度融合的一道缩影。作为科技创新的重要源头，高校正搭建起具有“造血”功能的协同创新平台，加快广东创新生态圈的“血液循环”。

数据显示，自2015年以来，广东高校参建与地方政府、行业、企业共建研发平台近500个，服务企业超过2000家。依托各类平台，广东高校承担企事业单位委托课题超过2万项，横向经费近60亿元，为企业解决超过3万个技术难题，带来超过5000亿元的经济效益。

产学研深度融合，直接带来了丰硕的创新成果。公开数据显示，2017年广东区域创新综合能力首次跃居全国第一；全省全社会研发投入占地区生产总值比重提升至2.65%，技术自给率达72.5%。

## ➔构建良性竞争的创新创业生态圈

“广东企业创新的最大特色在于市场驱动。作为改革开放的前沿地，这里的企业与市场的结合度深且广，可以将前沿科技与市场需求相互契合。”广州市社科院研究员彭澎指出，选择在广东创业的公司往往具备这样的市场洞察力，能够充分利用当地的产业资源。

□ 美国硅谷的科技企业

现已成长为国内AR产业领军者的广州玖的数码有限公司董事长梁应滔对此深有体会。他告诉记者，当初选择在广州创业，正是看中了珠三角所具备的完整产业链资源。“目前，全球车椅等VR游戏的外部硬件设备中的70%出自包括广州在内的珠三角地区。”

对于曾将机器人送上春晚舞台的周剑来说，优必选科技的成功同样离不开广东供应链支持。“深圳是人工智能研发与硬件结合的最佳场地。比如从上游的元器件供应商，到初级的模块提供商，再到下游代工厂，一个硬件创业者在广东可以轻松实现所有环节的连接。”

与此同时，资本也成为创新链条上的重要“助推器”。2018年5月，广东社科院发布《广东风险投资报告》，报告显示，2017年广东省创业投资活跃度达到历史最高点，投资案例数和投资金额分别高达855起和319.46亿元，同比分别增长48.7%和86.2%。

“企业、市场、资金、人才、基础设施，广东已基本具备打造创新生态系统所需的创新要素。”广东亚太创新经济研究院院长刘江华向记者表示，随着粤港澳大湾区建设步伐的加快，将进一步推动我省创新要素的碰撞融合、沟通协作，打造充满活力和创造力的全链条创新生活圈。

“创新需要多元化的生态。”梁应滔表示，广东在管理上偏向市场化引导，较早提出创新驱动战略，营造出一个适宜创新创业、良性竞争的营商环境。“有市场有竞争，才能产生更多创新。目前，广东正在形成一个良性竞争的创新创业生态圈，这是广东区别于其他地方的最大优势之一。”

## 观察

### 构建创新生态圈还需提升“软实力”

提起科技创新，人们往往会想到“硅谷”，这个磁石般吸引着思科、谷歌、Facebook等顶尖科技企业集聚的地方。

有人说，硅谷的成功是因为具备了人才、高校、风投等“硬件”要素。通过调研走访，记者发现上述“硬件”只是搭建创新平台的第一步，硅谷成功关键在于良性循环的创新机制和开放包容的创新生态圈。

这一点，对于广东正在打造的全链条创新创业生态圈具有重要借鉴价值。

从“硬件”条件来看，广东不仅拥有人才、资金、政策等发展要素，还具备比硅谷更健全的供应链基础。目前，广东相对欠缺的是起到黏合作用的 “软实力”，以及如何形成一个良性循环的创新生态圈。

刘江华建议，可以从法律制度上进一步健全创新利益链，确保创新链上的参与者能够合法取得应有的创新利益；同时，创造人才自由流动环境，提供方便的就业、医疗、教育等条件。此外，在人才培养上注重各层次平衡发展，既要办好高水平大学，也要办好高质量的职业技工学校。

正如硅谷的风险投资家维克多所说：“资本容易流动，能够聚集创新力量的是生态，不可轻易复制的核心竞争力也是生态。” 在“硬基础”和“软实力”的双重作用下，广东的全链条创新生态圈有望培育出更繁茂的“创新森林”。

（王佳欣　欧志葵　郭家轩）

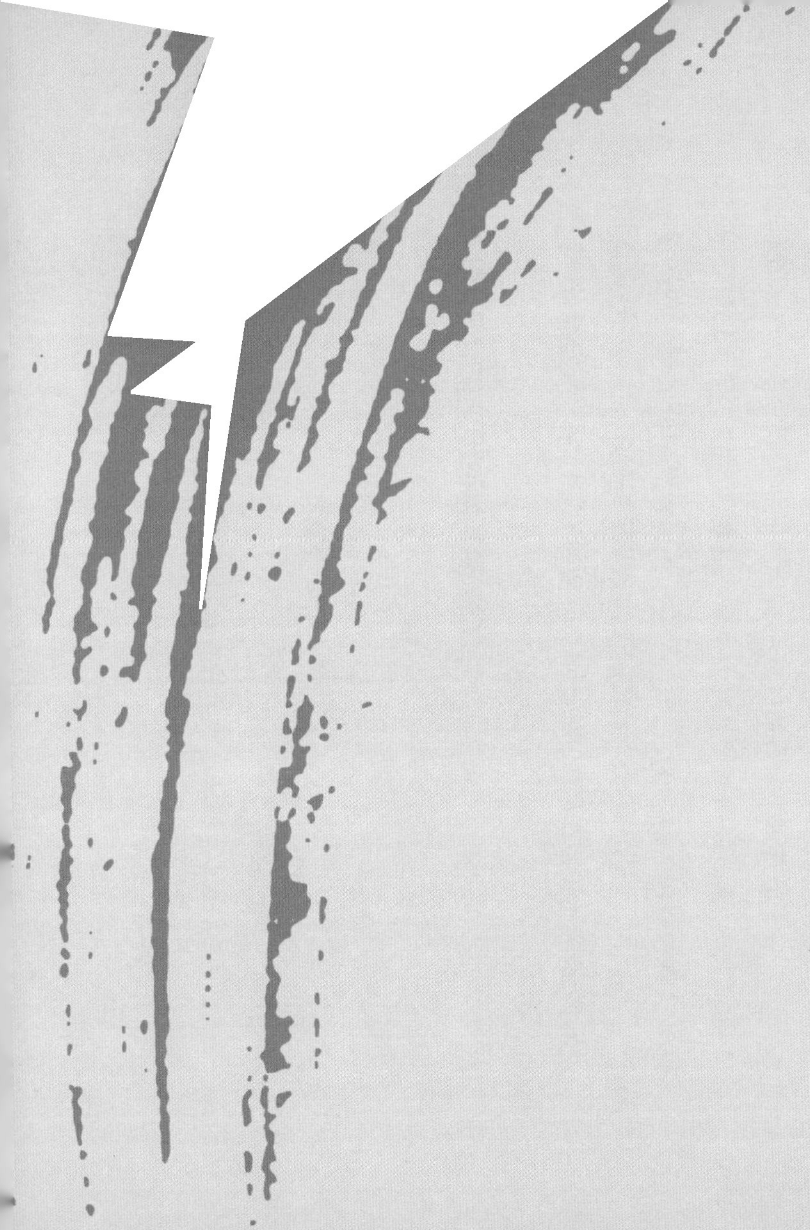

## 第二章

# 来自实验室的报告

柔宇科技：

# 最终选址在创新、务实、产业链强大的珠三角地区

走进位于深圳科技园的柔宇展厅，仿佛踏入了一个充满科幻色彩的“柔性世界”。弧形的柔性电子汽车中控台屏幕上没有任何物理按键，轻触光滑的曲面屏幕即可控制；透明的柔性智能电话在拨出号码时发出绿色的光，充满设计感；柔性键盘可以收缩到钢笔大小，揣在兜里就可随身携带……

同样令人瞩目的是展厅一侧整齐的专利墙，这只是柔宇五年来储备的1200多项知识产权中的一小部分。正是基于这些在实验室里“熬”出来的高含金量技术，柔宇的各种酷炫产品总能让体验者感到惊奇。

柔宇科技董事长兼CEO刘自鸿是一位“80后”，创业早期成天泡在实验室里，公司估值超200亿元、团队人数超1000人之后，他也保证自己50%的时间用于关注科研。他告诉记者：“我本质上还是个从实验室走出来的工程师，谈起技术来就容易兴奋，没有什么原因，就是喜欢。”

## ➔聚15国英才发力“柔性+”

6年前，柔宇的实验室位于深圳留学生创业大厦一间不足100平方米的办公室，遇上研发瓶颈时，团队成员们通常整宿不睡，或在实验室里凑合休息一下。

6年后，柔宇仅在深圳南山区的办公面积就超过6000平方米，其中大约2/3的办公空间供研发人员使用。

在大洋彼岸的美国硅谷，柔宇还有一个研发基地，由于时差的因素，两地的研发人员经常进行电话会议或视频会议到深夜或凌晨。

记者采访刘自鸿的这一天，他从早上8点开始参加一个技术会议，不知不觉开到11点半，早饭都忘了吃，但他形容自己的状态“跟打了鸡血一样”。

作为斯坦福大学电子工程系的博士毕业生，刘自鸿深知科研对于一个企业的重要性。创业六年来，他在管理等方面付出的时间越来越多，努力让新技术、新产品产生最大的市场价值，但本质上，他最喜欢的仍然是科研。

2017年7月，刘自鸿与苹果公司联合创始人史蒂夫•沃兹尼亚克在广东见面，由于都是工程师出身，两人围绕人机交互等话题聊了近4个小时。最让刘自鸿感慨的是沃兹尼亚克谈起技术时的眼神，聊起新型柔性显示、柔性传感、虚拟现实技术等人机交互的话题，67岁的沃兹尼亚克兴致盎然，“眼神真的很不一样”。

自从2012年在硅谷、深圳、香港成立公司以来，柔宇先后研发出一系列颠覆式人机交互技术，包括0.01毫米全球最薄彩色柔性显示屏、新型柔性电子传感器和3D头戴影院。不仅如此，柔宇还让创新技术走出实验室，将产品销售到20多个国家。

“我们希望在人机交互领域完成从0到1、从1到N的全方位创新，真正为社会带来核心价值。”刘自鸿告诉记者，早在三年前，柔宇的首条超薄柔性显示模组及柔性触控量产线已在深圳大运小镇投产，2017年年底，投资超过100亿元的柔宇国际柔性显示基地已经量产，这也是全球第一条全柔性显示屏量产线，建成后年产值达200亿元。

截至2017年年底，柔宇已经聚集了来自15个国家和地区的1000多名人才。在柔宇成立五周年庆典上，刘自鸿宣布柔宇学院成立，将为团队人才发展提供全方位的支持，他还在业界第一次提出了“柔性+”的概念和设想，希望将柔性电子打造为平台性技术，应用到各行各业、千家万户乃至日常生活的方方面面。

刘自鸿说：“柔宇是一家有创新DNA的公司，我们不会设置太多条条框框，有一定的容错率，鼓励大家不断去创新和尝试。”

柔宇科技超薄全柔性显示屏

## 广东开放精神吸引创业人才

刘自鸿第一次到深圳是2010年。那一年，他刚刚从斯坦福大学毕业不到一年，时隔四年第一次回国，他用14天考察了7个城市。深圳是最后一站，却也是他最喜欢的城市。

“我来了深圳后感到非常惊喜，深圳的创新文化、务实精神、创业氛围以及开放的移民文化都让我们很受触动。”刘自鸿告诉记者，不管是华为、中兴、比亚迪、腾讯等大企业，还是南山科技园里的新创企业，晚上都灯火通明，甚至周边偏远、简陋的工厂也在为苹果、三星等公司生产的国际一线电子产品提供重要的供应链部件。

在来到广东之前，刘自鸿在很多地方生活和工作过。2000年，17岁的他以江西省抚州市理科状元的身份进入清华大学电子工程系学习。2006年，他从清华大学硕士毕业后进入美国斯坦福大学电子工程系攻读博士学位。正是在斯坦福大学的大草坪上，他天马行空地想到了“柔性显示”的博士课题，并凭借扎实的研究在短短三年内取得了博士学位。

2009年博士毕业后，由于美国正值金融危机，刘自鸿并没有立刻开始创业，而是进入了美国IBM公司纽约全球研发总部工作。

2012年，刘自鸿认为创业的时机成熟，与另外两位斯坦福大学博士一起创业。在硅谷之外，移民文化和气候都像硅谷、拥有完善产业链的深圳无疑是最适合柔宇同步启动的地方，再加上紧邻深圳的香港是国际化大都市，金融发达、教育资源很好，柔宇团队决定在硅谷、深圳、香港同步创立公司。

在“柔性显示”这个充满不确定色彩的“无人区”，刘自鸿一上来就跨国创业的举动显得有些大胆。创业早期，刘自鸿通常每天工作十七八个小时，白天忙于深圳事务，晚上处理美国工作，往返中美的飞行里程超过100万公里。

不过事实证明，这样的全球化布局也对柔宇的快速发展起到了关键作用。珠三角地区的创新文化、务实精神和强大的产业链资源对柔宇的发展至关重要。

创立仅两年，柔宇就发布了全球最薄的柔性显示屏以及独创的柔性

柔宇科技董事长兼CEO刘自鸿

传感器。创立不到3年，柔宇的估值就超过了10亿美元，跻身独角兽俱乐部。创立4年，公司估值就超过了30亿美元，成为全球成长最快的独角兽科技创业公司之一。

在这个以创新为驱动力的公司，团队成员已经把创新当作一种习惯。“当我们习惯了去做一些改善行业现状、改善用户体验的行为，就会时刻想着能不能用一些办法去解决这些问题。持续地解决问题就是我们创新的初衷。这个世界是不完美的，找到不完美的地方去解决它，就是我们创新的价值和意义之所在。”刘自鸿谈道。

在广东工作和生活了几年，刘自鸿认识了更多来自各界的朋友。他告诉记者：“整个珠三角乃至全省都聚集了世界各地非常有想法、有闯劲的人，他们具有不同的文化背景、思想，在一起碰撞会产生火花。这些火花是一种创新的火苗，火苗再通过资本和产业环境、政策，变成熊熊燃烧的大火，再往里面加炭，就会变出生生不息的能量。”

刘自鸿说：“广东开放的精神最为突出，我们来了就觉得亲切。这种开放的精神其实吸引了大量有创造力、有才能、有闯劲、有创业精神的人落户广东，带来了很多宝贵的资源。开放也成为粤商的一个标志性特征，能够接纳不同的文化和商业模式在这里起步。”

他还发现，粤商身上兼具着创新和务实这两种特性：“以深圳为例，这里有很多有代表性的国际化公司，创新精神特别强。无论是做互联网还是硬件设备、电子行业等都在国际上非常有代表性。柔宇作为一个以创新为基因的科技企业，在这里起步非常契合。我认识的很多广东企业家，他们都非常低调、踏实，做事兢兢业业。我们和这些企业家有相似的目标，那就是把产品、技术做到极致，输送到全球市场，真正让人们更好地感知世界。”

（袁佩如　王佳欣）

# 比亚迪：做专注务实的“技术派”

2017年9月12日，在2017年粤商大会召开前夕，比亚迪股份有限公司董事长兼总裁王传福在深圳接受了记者的采访，并用三个关键词形容他心目中的粤商精神：务实、创新、开放。

## ➔务实的“技术派”

在位于深圳市东部的坪山新区，有一条路以比亚迪的名字命名。自1995年成立至今，比亚迪在王传福的带领下凭借技术起家，已经奋斗了23个年头。这23年间，王传福从借债250万元到身价330亿元，使比亚迪从电池起家到成为横跨IT、汽车、新能源和轨道交通四大产业并成为在香港和深圳两地上市的高新技术企业，他曾让三洋、索尼等国际巨头感到恐惧，曾用一年时间身价暴涨百亿元，成为中国首富。

然而如今掌舵千亿元市值公司的王传福却又低调得像“技术工人”。

“粤商就是做得多，说得少。”务实低调也正是王传福对粤商精神的深刻理解之一。然而说起务实，就不得不提比亚迪一直以来的一句口号——“技术为王”。王传福是“技术狂人”，这一点早已得到业界公认。

1995年创办比亚迪前，王传福是中国有色金属研究总院高级工程师、比格电池有限公司总经理。当时，一部大哥大要卖两三万元，一块小小的电池也要上千元，这深深地触动着王传福。眼光敏锐独到的王传福坚信，技术不是什么问题，只要能够上规模，就能干出大事业。于是，他做出了一个大胆的决定——脱离比格电池有限公司单干。脱离具有强大背景的比格电池有限公司，辞去已有的总经理职务，这在一般人看来太冒险。但王传福相信一点：最灿烂的风景总在悬崖峭壁，富贵总在险境中凸现。

之后，王传福从1995年生产大哥大使用的镍镉电池开始，到成为电池行业的领导者，只用了三年的时间。当然，这还要“感谢”1998年亚洲金融风暴为全球电池价格暴跌带来了商机。因为这使得比亚迪的低成本优势

比亚迪研发的跨座式单轨——“云轨”进军轨道交通领域

□ 比亚迪股份有限公司董事长兼总裁王传福

得以充分发挥，飞利浦、松下等都转向比亚迪采购电池。

在镍镉电池领域站稳脚跟后，比亚迪介入技术难度较高的镍氢电池和锂电池生产。当时，比亚迪以近15%的全球市场占有率成为中国最大的手机电池生产企业，在国际市场上正与日本三洋一决雌雄。在那时，全球平均每三部移动电话就有一部的电池来自比亚迪的工厂，可想而知比亚迪打败了多少实力雄厚的对手。

中国香港风险投资公司汇亚集团董事兼常务副总裁王干芝评价说："王传福是我见到少有的非常专注的人，他大学本科学的是电池，研究生学电池，工作做的还是电池。"然而，王传福的"技术帝国"并没有止步电池领域。

经过23年的高速发展，比亚迪已由成立之初的20人壮大成为今天的约22万人，在全球拥有33个工业园，占地总面积超过1800万平方米，业务范围由最开始的二次充电电池扩展到今天的IT、汽车、新能源以及轨道交通四大核心领域的大型跨国企业集团。

必须承认，中国经济转型的成功有赖于成千上万企业"摸着石头过河”的伟大实践。从某种意义上讲，拿比亚迪与具有诸多相似性的富士康做比较，比亚迪的转型之路非常成功。其中最关键的一点，就是比亚迪从没有放弃过要掌握“核心技术”。

做专注、务实的技术派，就是王传福事业的核心所在。

## 技术为王，创新为本

“深圳这些年来的发展能够做到一枝独秀，其中最重要的一点就是创新。”王传福认为：“对粤商和粤企而言，创新同样是企业发展的制胜法宝。”

1995年年初，29岁的王传福带领20多人，在深圳龙岗布吉的一间旧厂房成立“比亚迪”，开始生产镍镉电池。当时，一条镍镉电池生产线日商开口就是几千万元，王传福将自动化生产线流程分解为多个人工完成的工序。结果，“比亚迪”的镍镉电池生产线只用了100多万元。当时人们把“比亚迪”这种“劳动密集型”化解国外技术壁垒的做法称为“饭碗创新”。

而王传福深知这样的创新不能使比亚迪持续发展。从“饭碗创新”开始，王传福进行了一系列“烹饪创新”。

2000年，“比亚迪”拥有了自己的锂电池核心技术；2003年年初，“比亚迪”宣布进军新能源汽车产业。王传福说，“比亚迪”的这一决策，是因为我们已经拥有了“电池”这一电动汽车的核心技术。2008年年底，全球首款混合动力汽车“比亚迪”F3DM在国内上市，比全球同类汽车的商用时间表提前了3年。截至2016年12月，比亚迪集团全球累计申请专利超过1.8万项，其中已被授权专利超过1.2万项。2015年12月，在《互联网周刊》发布的2015年中国智造100强排行榜中，华为、中兴、比亚迪位居榜单前三名。

23年来，王传福凭借自主创新，练就了“弯道超车”的本领，并通过技术的研发集成、生产的垂直整合，迅速抢占了市场空白。王传福认为，汽车产业将重新洗牌，今日的传统巨头或变成过去式，唯有在战略上领先、敢于投资并深度掌握核心技术，才可能在新能源车革命中迎来春天。

而超越特斯拉，已经坐上全球新能源汽车第一把交椅的王传福，并没有停止他的创新脚步，将他的下一个创新目标瞄向了城市轨道交通。

“我们不仅要治污，还要治堵。”王传福告诉记者，“如果说通过创新打造新能源汽车是用来治理城市污染，那么‘云轨’就是要用自主创新的力量来治理城市交通拥堵。”

2016年10月，比亚迪正式推出自主研发的跨座式单轨——“云轨”，结合新能源车为全球各大城市打造“从治污到治堵”的创新型交通解决方案。“云轨”由比亚迪组建1000多人的研发团队，历时5年，累计投入50亿元打造而成。其综合优势非常突出：造价仅为地铁的1/5；建设周期仅为地铁的1/3；噪音低，能蓄电，可从城市建筑群中穿过，最高时速可达80km/h。截至2017年9月，比亚迪“云轨”项目已在宁夏银川市正式通车运行，并与深圳市、汕头市、安徽省蚌埠市、四川省广安市、吉林省吉林市等其他城市达成战略合作。

“新能源是趋势，也是未来。”王传福对记者说，“不管是致力于新能源汽车还是城市轨道交通，新能源领域都是未来国家乃至世界经济发展的一个重要趋势。”

## ➔要把走出去战略“走好走快”

“比亚迪已经走出去了。”当被问及比亚迪的全球战略时，王传福骄傲地对记者说，“比亚迪不仅要走出去，还要走好走快。”

这家以电池起家的民营车企，在全球市场已稳步铺开。根据比亚迪提供的最新数据，截至2016年6月，比亚迪在全球共建立了33个生产基地，总占地面积约1800万平方米，员工总数达22万人。比亚迪新能源汽车已在日本、美国、英国、德国等逾50个国家及地区、超过200个城市投入运营，实现了全球六大洲的战略布局。

2016年10月10日，比亚迪在匈牙利外交与对外经济部举办的发布会上宣布，其将在匈牙利北部城市科马罗姆建造大巴制造厂，并于2017年第一季度投产。这是比亚迪首个面向欧洲市场的电动车制造厂，也是中国新能源品牌在欧洲投资兴建的第一座电动车工厂。

2016年10月21日，比亚迪生产的红色全球首辆双层纯电动大巴在伦敦迎来了它的全球“首秀”，现场的王传福兴奋难抑。这位“技术派”的企业掌门人终于把中国制造的新能源汽车开进了最传统老牌工业国家的腹地。

谈到以上比亚迪在全球范围内交出的亮眼答卷，王传福深深感慨：“如果没有国家和广东开放的政策和开放的理念，比亚迪不可能发展得像今天这样快。”

王传福说，来深圳创业20余年，开放是他对粤商精神最直观的感受。而秉着务实、创新、开放的粤商精神，王传福和比亚迪还在埋头苦干，创造新的奇迹。

（李赫）

# 绿瘦集团：“识变”也是创新

“记得我18岁从湖北一个人坐火车来广州打拼，20多年过去了，从一无所有到现在企业有5000多名员工，超过1000万个用户体验过我们的体重管理服务。我可以说是见证并亲身经历广东改革开放全过程，同时也在广东企业家身上感受到创新、拼搏、实干等优秀精神。今天，我认为自己是一个地地道道的粤商，我为这个称谓感到自豪。”绿瘦集团董事长皮涛涛说。他认为，粤商精神的特质就是创新识变、务实拼搏、互信共赢。

## ➔不盲目创新，在“识变”基础上变

“所谓‘创新识变’，其实讲的就是‘思路决定出路’。”谈起创新，皮涛涛认为，广东的创新力似乎与生俱来，借改革开放的政策优势和毗邻港澳的区位优势，20年来，国内大多数先进的零售业态、流通技术以及组织形式都由广东商业企业率先引入并尝试，广东商贸流通业一直处于全国的绝对优势领先地位。

“广东人一旦遇到问题会变通，所谓‘识变’就是灵活善变，也是创新，是一种主动的自我颠覆、自我革新，我们绿瘦企业文化里也有‘拥抱变化’，说的就是这个。”他认为，在整个改革开放发展过程中，广东创新能力一直走在全国前面。“我所了解的广东企业家大多具备这种意识。”他以腾讯为例，赞扬其持续以科技创新能力优化体验服务用户，给广大粤商树立起商业典范。

绿瘦同样具有自我革新的基因。在绿瘦11年发展过程中，皮涛涛和他的团队不断通过数据洞察用户的需求，从邮购到电商平台到一家数据驱动型公司，再到今天拥有基因检测实验室、D28体重管理中心、集中式减肥训练营、纤体店、美学馆、好享瘦App和智能设备等，融合线上线下全渠道打造新体验的体重管理集团。

以用户思维为主导，皮涛涛一次次带领管理层在企业内部进行自我颠覆，早在2011年就率先实现“互联网+”，构建数据中心勾勒用户画像。

“永远要想在用户前面，你才能给他/她更好的体验，我们前11年凭着这样的理念，快速从1000万元发展到10亿元。”皮涛涛说，“第三个五年我们要从10亿元发展到100亿元，我们要为用户和社会创造更大价值，要走出舒适区，要大胆创新和思变。”

绿瘦的健康瘦身理念从饮食、运动、作息和情绪四个维度进行全方位管理。经过多年积累，绿瘦首创HEDS全维体重管理体系，提出从Health（健康）、Experience（体验）、Data（大数据）、Science（科学）四个方面做好“科学体重管理”。

皮涛涛认为粤商的“创新识变”是一个有机的整体，其本质就是要更早地认识变化，拥抱变化。现在绿瘦已经进入发展的第三个“五年计划”，顺应浪潮变化，全面启动品牌、体验、产品三大升级计划，并进一步通过智能化和数据化改造升级BRM、CRM系统，从多个维度完善自身的商业模式，构建融合线上线下数据、服务、产品通路的全渠道产业结构。

“很快，我们将成为业内第一个连接线下减肥训练营和24小时无人社区健身房的‘第一个吃螃蟹的人。’”对绿瘦未来的发展，皮涛涛充满信心。

## ➔务实拼搏：追求实效，不空谈

皮涛涛认为，粤商精神的第二个特质是“务实拼搏”，即“撸起袖子加油干”。

在第三届世界浙商高峰论坛上，马云说过，对比起浙商，粤商更为低调、闷声发大财，这其实从侧面反映出广东人经商的特质：低调俭朴、务实沉着，追求实效，不喜欢空谈，也不虚张声势，不急于求成，一步一个脚印地做大做强。在皮涛涛多年的奋斗史中，“员工休息，老板守店”“大商场开业，老板亲自擦玻璃”的现象比比皆是。

“我们从不空谈‘互联网精神’，而是把‘用户思维’落实到每一个具体的行动上。”皮涛涛介绍说，绿瘦的每一个决策和行动，大到公司战略、“五年规划”的制定，小到瘦身管理顾问什么时候问候用户等，全部都要听“用户数据”指引。绿瘦运用“用户思维”，务实地分析用户标签和用户画像来指导服务优化、柔性生产、产品迭代乃至战略制定。

数据思维的本质就是“用户思维”，作为国内知名体重管理综合服务商，皮涛涛称，绿瘦所有业务环节都是以用户体验为核心要素设计和运营的，从每一个微小的环节入手改善提升用户体验，比如顾问的微信服务、电话服务甚至App里的免费咨询和内容生产。

“最近，我们通过App的百万名用户反馈发现，用户里‘懒癌患者’很多，但是想去健身房的欲望在增加，于是我们马上开发线上约课平台。”皮涛涛说，“即便这是一个很大的挑战，但也要克服困难，着手去做这件事。”

“拼搏奋斗”是绿瘦DNA的重要元素之一。“我在创业之初，就给公司起名为‘每日东方’，就是提醒自己要勤快一点，每天太阳一出来就起床工作。”皮涛涛说，绿瘦从创业起就想做好做大，稳扎基础，稳步前进。

“尽管现在绿瘦已经是本行业龙头，但我一直觉得绿瘦还需要不断努力拼搏、奋斗。”皮涛涛认为，在广东这片人人都力争上游的竞争环境里，经商就犹如“逆水行舟，不进则退”。

在绿瘦公司，员工们奋战的故事、现象随时随处可见。比如，为用户提供日夜管家服务，凌晨的绿瘦运营中心两栋7层大楼依然灯火通明。时至今日，皮涛涛仍然把自己看成一个创业者：“在2017的年会上我跟员工们说，我们现在才刚刚起步，才把基础夯实一点，我们还在创业阶段，要时刻保持初心。”

过去，绿瘦花了11年功夫奠定基础；未来皮涛涛希望绿瘦再上一个新台阶。绿瘦早在四年前已做出未来十年的发展规划，绿瘦的“拼搏”精神不仅是勇往直前的奋斗，也是和创新识变紧密相连的，“与其被对手击败或被趋势碾压，不如以‘自我颠覆’自我革新的方式前进，超越自我”。

## ➔“共赢”渗透广东人日常生活

粤商在为人处事上素来讲求诚信，有权威机构对国内各大商帮的信誉调研表明，粤商在国内外的诚信度很高。“互信共赢”被皮涛涛视为粤商精神的又一特质。

“共赢”其实一直渗透在广东人日常生活中。春节期间，广东人相互问好、讨口彩，最常说的一句话就是“大家发财”！改革开放以来，在长期市场经济的浸淫中，粤商树立起越来越强的契约精神，不仅增强“互信”的基础，也让“共赢”的思维更进一步。

绿瘦发展的11年间，始终抱持“共赢”的理念和胸怀，皮涛涛表示：“我们认为，在帮助国人打赢这场‘脂肪战争’过程中，希望整合社会各界的资源和力量，一起参与，一起守卫国人的健康。”

皮涛涛说，绿瘦是一家非常“奇怪”的企业，很愿意与同行分享交流企业发展的经验，甚至打算开一个“用户思维商学院”，帮助前来取经的同行培养人才。“我更愿意大家都能一起共创健康价值，将这个市场做大，让中国的民族产品和服务赢得用户信任。”皮涛涛说道。

对于绿瘦引以为傲的“用户数据”，他们也是“敞开大门”的，在2013到2016年间，绿瘦先后和中国保健协会、社科院食品药品产业发展与监管研究中心会联合发布两届中国肥胖指数报告。2016年，绿瘦又与国内大型研究机构的专家团合作，成立“国民体重管理研究院”。

“我们希望有更多企业加入这个体重研究生态圈，绿瘦拥有中国减肥需求人群的活跃数据，这个数据除了驱动经营，对个人、家庭甚至社会都是很有价值的，我们乐意把这些资料贡献给有关部门和研究机构做分析，让大家对中国人的肥胖以及健康问题了解更多。”皮涛涛如是说。

（欧志葵）

## 温氏集团：
# 技术创新的驱动力是成长的秘诀

温氏集团董事长温志芬用这样三个词来形容他所理解的粤商精神：创业创新、先人一步、包容共进。

“对于我们广东人来说，务实精神在全国出名的。”温志芬说，广东人也许不会怎么说，表达能力也比较弱，但是广东人吃苦耐劳的精神、实干的精神是全国都出名的。

对于创新，温志芬更是将技术创新的驱动力视为温氏集团持续成长的三大秘诀之一。

“这里是我们的细胞室，是十万级洁净室，工作人员正在做细胞试验。”“那是菌种保藏室，研究人员研究出来的菌种都保存于超低温冰箱和液氮冷冻保藏器里。”“这些是PCR仪、流式细胞仪、分光光度计、离心机，主要用于分子研究。”……从温氏研究院二楼介绍到三楼，院长助理、温氏集团副总经济师陈丽对于每个实验室都如数家珍。

走进温氏研究院，在3000多平方米的实验室里，各种先进的仪器、设备琳琅满目，如果不是陈丽介绍，你很难将见到的场景与一家养殖企业联系在一起。

温氏研究院是广东温氏食品集团股份有限公司（以下简称“温氏股份”）的下属单位，是典型的“企业+院校”型的新型研发机构，可谓温氏股份的“心脏”。从七户八股8000元起步，到2016年公司营业总收入达593.6亿元，归属上市公司股东净利润117亿元，科技支撑在温氏股份的成长中扮演了重要的角色，其董事长温志芬亦将技术创新驱动力视为公司30多年来持续成长的三大秘诀之一。

## ➔基地、孵化场、育苗场，都是“实验室”

国家科学技术进步奖证书、中华农业科技奖证书、广东省科学技术奖励证书、中国青年科技奖证书……在温氏股份文化展览馆里，各种奖励证书贴满了一面墙。

“大多数人恐怕想不到，如今的温氏股份不仅仅是一家养殖企业，更是一家国家高新技术企业。”温氏股份一位员工说，技术进步在温氏的发展中起着至关重要的作用。

有人认为，在农业领域，像温氏，养一只鸡、一头猪，科技创新没那么重要。对于这种说法，温志芬并不认同，他以温氏股份近几年来在环保方面的技术突破为例进行说明，近年来国家抓畜牧业的环保力度非常大，由于传统畜牧环保技术不成熟，很多畜牧场被关闭。而温氏股份绝大部分的鸡场猪场符合最新的环保要求。“我们绝大多数都能留下来，我们在竞争中就赢了。”温志芬说。

“几年前我们就提出把环保打造成公司的核心竞争力。”陈丽补充道，公司因此不遗余力地研究环保技术，并且在生产实践中去实施，公司已研发出畜用降解宝、禽用降解宝、高温无害化降解处理机等多个产品。

无害化降解处理机于2014年正式投放市场，该机器能在24小时内把禽

□ 温氏集团董事长温志芬在粤商大会上发言

畜尸体变有机肥原料，有望化解禽畜尸体造成的二次污染。

2013年3月，温氏集团组织技术力量从事养殖业环保设施的研发，并与中山大学、华南农业大学建立紧密的合作伙伴关系，承担起国家“动物尸体无害化处理试验工程建设项目”。经过一年多的研发，无害化降解处理机最终研制成功，也是国内畜牧业生产的一件大事。

对于该项技术的成功研制，陈丽深有感触，他认为，农业科技的推广有自己的特色，就是需要在实验室外做大量试验，有时条件很艰苦。“基地、孵化场、育苗场，都是我们的‘实验室’。”陈丽说。

“我们的试验不是完全坐在有空调的办公室里完成的，而是要在养殖场完成的。”对于陈丽的这一说法，温志芬十分赞同，他回忆，1995年左右，为了推出某个新品种，需要对该品种多个市场表现情况进行考察，为此，他曾与同事连续多晚凌晨两点多到佛山的市场走访。

“这样的经历非常多。”温志芬说，比如，有一次公司做鸡疫苗的实验，为了让试验结果尽可能客观，做实验的地方一般是很偏僻的农场，“又是冬天，天气很冷，晚上还要爬起来为小鸡加温，冷得我们哆哆嗦嗦”。

“你要是养一只鸡或一头猪，（不倚靠科技）是没有问题的，但是要养一群鸡、一群猪，要是没有科技支撑，成本会很高，那竞争优势没了，企业不能持续健康发展下去。”温志芬说，这就是农业需要技术创新来支撑的最关键一个因素。

近年来，温氏股份累计获得国家授权专利184项，其中发明专利77

项；荣获国家科技进步二等奖4项、广东省科学技术特等奖1项、广东省科学技术一等奖9项。

温氏股份在家禽育种技术、种鸡生产及孵化技术、疾病防控与肉鸡生产管理、饲料营养技术、食品安全保障、环保技术等方面均处于全国领先地位，形成了强大的科技支撑体系。

## ➔靠这一点，温氏拉开与同行的距离

时间回到1983年，温志芬的二哥温鹏程高中毕业后，承包了新兴县簕竹一个农场，和父亲温北英一起养鸡，创办起簕竹鸡场，即温氏集团前身。“刚开始养的是新兴黄鸡，靠土方法、凭经验养殖。”温志芬说。

“不过，温北英老先生也明白，养鸡的生意要真正做大，还是要引进先进的技术，以及现代化的公司管理。”温志芬回忆，温北英曾说过，鸡场要进一步发展，仅靠几个“土知识分子”不行，要大量吸收科技人员，充实科技力量。

为此，早在1985年，温氏就开始实施其“人才引进计划”。当年的“星期六工程师”岑德光，便是温氏引进的第一位科技人员。

1992年，华南农业大学动物科学系受邀以技术入股的形式与企业开展合作，为企业发展提供了全面的技术支持，温氏的发展同时与科技结下了不解之缘，“华南农大帮我们解决了育种、疾病、营养等一系列相关的技术问题”。

1996年前后，双方合作的第一个产品，被誉为“中国优秀肉鸡品种”的温氏矮脚黄鸡诞生了，不仅丰富了公司产品结构，而且很受消费者欢迎，卖价也更高，这让公司尝到了产学研合作的甜头。“这是一个科技含量很高的品种，因为它是用矮脚基因，类似于患侏儒症的人的基因，跟正常的基因杂交得出的一个很有竞争力的品种，这直接体现出了科技对我们企业的贡献。”

“这让我们更加坚信技术的力量。”温志芬说，在20世纪90年代中期，跟温氏同期起步，具备一定饲养规模的企业有很多，仅新兴县就有好几家，当时大家都是同一水平线，规模没有很大的差距。“但我们通过引进华南农业大学的人才，通过不断地创新技术，使我们的竞争优势不断提升，然后（与其他企业）不断拉开距离。”

自此，温氏股份与各大科研院所的产学研合作更加紧密、更加深入。除华南农业大学外，公司还与中山大学、中科院广州分院等近30所高校及科研院所建立了长期、紧密的产学研关系，“产学研”相结合推进技术创新已成为温氏股份的一大法宝。

2004年，集团成立博士后科研工作站，并于2008年成立温氏集团研究院，标志着企业的科技力量、科研水平及科技创新能力已经达到了国内同行业的先进水平。

截至2017年4月，温氏股份已形成一支由66名博士、473名硕士和50多位外聘专家顾问组成的科技人才队伍。公司先后成立动物营养研究中心、现代育种中心、动物疫病研究中心、食品和饲料质检中心等多个研究机构和10余个试验基地，承担了国家“863计划”、国家生物育种高技术产业

□ 温氏集团对每只用于农户运输、销售的鸡笼都经过严格的消毒

化项目等省部级以上重大项目80余项。

## ➔曾拿公司资产额近1/10买电脑

在多次尝到了科技甜头后，温氏股份对于科研投入也毫不吝啬。

从1997年开始，温氏每年从销售收入中提取2%作为科研经费。2006年，集团用于研究开发、技术改造及技术进步的经费更是达到3.2亿元，均超过销售收入的4%，近年来，公司年均研发投入均在2亿元左右。

在科技投入方面，一个故事会被温氏股份的员工经常提起，20世纪90年代时，公司资产才百来万元，但公司花了十几万元来购买电脑。“在286、386那个年代，我们意识到信息社会的到来，所以我们抓住了这个机遇购买电脑，成为国内第一批用内部局域网的公司，2006年我们又实现互联网化，大大提升了公司的管理效率。”温志芬说。

与中山大学共建P3实验室是温氏在科研投入方面“大手笔”的另外一个例子。2003年非典时，刚好是温氏旗下公司大华农创业起步阶段，为了吸引高素质人才承担起国家前沿的科技研究，公司与中山大学进行紧密的合作，与中大共同建了P3实验室。“设备开支全部来源于温氏，中山大学出人才。这是国内企业当时唯一可以研究人畜共患病的实验室。我们的人才可以在其中发挥作用，承担起国家的相关课题，最终转化成成果，变成我们华南农业大学的一个竞争优势。”

有了平台，又有科研投入，如何使得这些不断引入的高素质人才在公司干得好、留得住呢？对此，温志芬认为，最主要的是公司给他们归属感：“就是说，他有一个股权在这里。在我们还没有上市之前，来到这里工作的博士我们都尽量动员他购买我们温氏内部的股份，购买温氏的股份以后就比较稳定了。”

“当然还要出台一些激励性的措施，去稳定、吸引更多的人才到我们这里来。”温志芬表示，因此，公司就想办法让人才有一个晋升的通道。

（黄进）

## 立白集团：

# 不颠覆自己就要被别人颠覆

□ 立白集团董事长陈凯旋

立白集团董事长、总裁陈凯旋用这样三个词形容他眼中的粤商精神：敢为人先、低调务实、开拓创新。

“粤商大部分都是实干派。”陈凯旋说，粤商都是很实在很低调的，只干不说、吃苦耐劳，“我到现在也没有周末，每天都工作十几个小时。”与此同时，粤商又时刻勇于尝试、敢于开拓创新，“立白就是靠创新走过了这么多年，走到了今天的地步”。

在广州陈家祠附近，立白创新研究中心已经在此经历近10个年头，其中实验室面积达到3000平方米，2017年10月底，他们搬入珠江畔的立白大厦，面积扩充一倍，继续他们的创新之旅。

走进位于创新中心二楼的实验室，空气中弥漫着洗衣粉和洗洁精的清新香味，墙上挂着“博士后科研工作站”“中国轻工业绿色洗涤用品重点实验室”“省级科技研发中心”等整整两排牌匾。“还有一些，但是挂不下了，准备10月底挂到新实验室去。”立白集团首席科学家张利萍告诉记者。

作为传统日化行业，立白用了24年的时间，从白手起家到成了日化行业巨头，“创新”两个字是他们一路成长的法宝。而正是在这个立白创新研究院的实验室中，诞生了一款又一款领先日化市场的产品。

敢为人先、低调务实、开拓创新是立白集团董事长、总裁陈凯旋对粤商精神的理解，也正印证着立白的发展。“这个行业里，不颠覆自己就要被别人颠覆。”陈凯旋再三对记者强调。

## ➔做项目，十几人蹲点两周解决不发烫洗衣粉结块问题

立白的创新研发中心研制成功了一批全球领先和国内领先的新产品。比如立白不发烫洗衣粉，突破了洗衣粉100多年的工艺，实现了遇水不发烫，速溶易漂，洗涤性能更好。

但是，张利萍回想起两年多的研发过程，却觉得很痛苦。

“其实不发烫很容易，就是降低碱含量，但是去掉碱去污力也会跟着下降，所以广州话洗衣粉就叫‘碱粉’啊。”张利萍说，整个团队30多个人，研发过程有26个多月，“一开始怎么也找不到合适的聚合物和活性酶，真的很绝望，我心想，世界上没人搞这个东西也是有道理的。”

直到2015年，团队以天然棕榈油提取物为主要成分，终于成功替代了原先的配方。“不仅用上了十几年来积累的技术基础，还与巴斯夫、陶氏、杜邦、森达美等全球日化巨头，以及中大、华南理工大学、中科院广州化学研究院所等科研单位展开了全方位的合作。”

配方出来了，工艺也是大问题，碱在工艺当中可以帮助洗衣粉成型，使得洗衣粉成为空心颗粒，流动性好，袋子开一个小口，一倒就出来了。而新配方去掉了碱，刚做出来的产品像面粉一样会结块，为了解决这个问题，只能不断调试工艺、角度、温度，调试一次就要30吨，成本也很高。工艺组、洗衣粉组团队十几个人，在工厂一蹲就是两周，终于解决了这个问题。

要做不烫手的洗衣粉最早缘于立白的公益事业。立白长期关注扶贫，在山区，陈凯旋看到，当地妇女还是拿着桶在河边洗衣服，手都十分粗糙，就希望能做出一款洗衣粉，不烫手不伤肌肤。同时，立白联合腾讯针

对13万名消费者展开的调查也显示，洗衣液正受到更多消费群体青睐，但洗衣粉等传统洗涤产品仍然拥有广大的市场需求。超过七成被访者希望洗涤产品能够更加健康环保。

“一开始供应商不理解我们为什么要这么做，特别是德国的供应商，觉得都用洗衣机了，理解不了我们说的使用场景。”后来，立白团队解释，除了不伤手，去掉碱也有利于不伤衣物，因为碱的成分会让衣服洗多了变硬变不平，越来越粗糙，供应商才被说服，加入了合作。

记者在立白实验室的显微镜里看到，同样的衣服纤维，普通洗衣粉洗后纤维缝隙明显变小，而不发烫洗衣粉洗后纤维缝隙却几乎没有变化。“因为碱跟水中的钙结合后会形成碳酸钙，会把纤维之间的空堵上，还会越来越撑大变形，这就是衣服越洗越硬越不平而且白色的衣服会发黄的原因。”张利萍解释。

此外，立白食品用洗洁精满足了“食品安全国家标准”洗涤剂的最高要求，立白也成为国内首家完成这一跨越的企业。这样一来，哪怕真的是洗后有残留，即使吃进去也没危害。立白在全国首推了解决消费者痛点的不添加荧光增白剂洗衣液，并且整条不添加荧光增白剂洗衣液生产线在2016年9月13日进行了全线升级。

□ 立白中心成为白鹅潭滨水商务区首个启动项目

“我们要依托立白的创新研发中心，通过科技创新，推出更多全新配方、颠覆传统、具有革命性的绿色健康洗涤产品。”陈凯旋说，“我们就是要占领行业制高点。”

陈凯旋的危机感源于早年起步阶段外国品牌对国内洗衣粉的“围剿战”。“那时候外国品牌打起价格战，国内品牌死了一大片。”立白员工告诉记者，当年陈凯旋坚持不降价，而是提升工艺，让洗衣粉效能更高更节约，同时“加量不加价”，他的险招取得了成功，立白不仅活了下来，还占据了更大的市场份额。

## ➔留人才，首席科学家“借锅”给团队做鸡翅

人才，是做好创新的基础。如今，立白创新研发中心团队中，硕士以上学历比例超过60%，有15名博士，也不乏“海归”。立白集团还有一个“博士后科研工作站”、一个日化行业唯一的“院士专家工作站”。

事实上，立白研发团队从2006年才招到了第一个硕士员工。这个员工名叫邓艳文，毕业于华南理工大学，当时到立白南沙工厂面试后，被面试他的集团副总推荐到了研发团队。“当时我心里很忐忑，生怕小邓看不上我们，不愿意来。”张利萍说。当年研发团队工作地点还在番禺，地方偏僻，门面也不怎么“高大上”，而邓艳文后来告诉她，开始自己心里也犯嘀咕，担心这种传统日化企业招个硕士生只是为了“装点门面”，后来连续跟副总和张利萍聊过以后，认为立白是真心要搞科研、搞创新，才下定决心留下。不仅如此，第二年，邓艳文还以“大师兄”的身份回到华南理工大学参与立白的招聘宣讲会，帮立白招来了不少人才。

“2007年招来的应届生最多，不仅有硕士，还有了两个博士。”张利萍说，2007年的一批新员工进来以后，“总还是担心留不住他们，在番禺太偏僻了。”

张利萍有一次听2007届的员工说起，打完篮球以后，饭堂已经没吃的了，小卖部也关了，就去附近镇上找吃的，但是什么也没找到，只好饿着肚子睡觉，于是，每周打篮球的两天，张利萍就留在工厂，住在四人宿舍，他们打球的时候，就借了食堂的大锅来做吃的：“最多一次做了100个鸡翅，在二楼食堂窗口喊一声，一大帮小伙子全上来了，一大堆鸡翅一下子就被抢没了，吃完再跟他们一起喝啤酒。”

2008年，立白整个创新团队搬进了现在位于陈家祠附近的动感小西关，再也不会有走出公司连饭店都找不到的日子了。但是张利萍有时候还是偶尔怀念从前。

“珠三角的企业家一直彰显开拓创新精神，从IT互联网、电商到家电制造、生物医药、日化等各行各业都是这样，都具有创新意识和长远眼光，所以要不断吸纳全球范围内的人才和资源来做大做强企业。”陈凯旋说，现在立白条件好了，也会为招揽人才提供更好的条件，解决他们的后顾之忧。

## ➔投资金，国外供应商看了实验室大赞“你们用的仪器真好”

创新中心2003年成为立白一个独立的部门，当时仅有15个人，实验室也才500多平方米。2008年搬入动感小西关，科研团队有130多人。后来，实验室面积越来越大，三年前已经扩展到了3000多平方米，占了整整一层楼，科研团队也有400多人。2017年10月底，创新中心搬入珠江边的立白大厦，实验室有将近7000平方米，实验设备也是越来越好。

“这台仪器80多万元，这台60多万元。”在立白的一间实验室中，张利萍指着仪器挨个向记者介绍，“这间50多平的房间光仪器总价值不低于500万元，还有里面这间超净实验室，六七平方米，装修就50万元。”张利萍说，巴斯夫的供应商来参观的时候十分羡慕：“你们用的仪器真好，立白真的很舍得。”

在研发方面，立白十分具有前瞻性，比如立白的分子生物学实验室，是与国外先进的原材料供应商合作，具备世界顶尖的生物技术实力。“这在日化行业还十分少见。”张利萍介绍，未来是生物的技术，绿色健康代表着未来的趋势，而立白要始终走在前端。

“只要所做事情有利于提高企业竞争优势、有利于企业发展、不会留下危机隐患，大家都可以放开手脚去做、大胆去尝试、大胆去试验、大胆去创新。”陈凯旋这样对他们说。

“老板很简朴，但对研发一直都特别舍得投钱。”张利萍告诉记者。

立白对创新的重视和投入也让立白的创新成果越来越强。现在，立白集团有一个“博士后科研工作站”、一个日化行业唯一的“院士专家工作站”、一个“中国轻工业绿色洗涤用品重点实验室”、两个“高新技术企业”和四个“省级科技研发中心”。立白创新研发中心每年完成100多种

□ 越来越多的家庭离不开立白的产品

新产品和新技术的研究，其中70％以上属于高新技术产品，发明专利成果遥遥领先于国内其他企业，还参与了38个国家标准和行业标准的制定。

立白的分析测试中心通过了CNAS实验室认可，具备按有关国际准则开展检测的技术能力，项目覆盖日化领域11类产品79个项目，领先于国内日化行业，可被全球50个国家/地区共65个机构承认，真正达到了一次检测、国际互认的效果。

另外，立白创新研发中心与世界500强德国巴斯夫、美国陶氏化学、美国杜邦、丹麦诺维信等跨国公司建立了战略合作伙伴关系，同时与中国日化研究院、中山大学、华南理工大学、暨南大学、广州中医药大学、美的集团等科研院校及企业进行合作，不断提升立白的科技研发水平和自主创新能力。

（刘倩）

## 汉能集团：

# 8个月攻下薄膜太阳能技术难关

作为汉能全球8个研发中心中的一个，位于汉能创始人李河君家乡河源的汉能薄膜太阳能公司建立了高度自动化的大规模生产线，但与传统工厂不一样的是，生产线上工作的不是普通的操作工，而是大批技术人员与海归博士。

“我们在河源主要进行的是量产化实验，整个两万平方米的车间都是我们的实验室。”汉能薄膜发电集团副总裁徐晓华介绍，“这是生产维度上的实验，是汉能掌握的海外尖端薄膜技术在国内大规模产业化推广的第一站。”目前，汉能是国内第一个实现铜铟镓硒产业化的企业。

“我觉得跟着李河君先生做事这么多年来，从他身上我领会到的粤商精神有三个，就是坚持、创新和实干。”徐晓华介绍道。

自2009年汉能进入薄膜发电行业以来，随着其在太阳能领域多年来的布局，在顶尖薄膜太阳能技术和应用方面取得了重大突破。近期，汉能又发布了全球领先的柔性薄膜太阳能芯片与屋面瓦融为一体的薄膜太阳能新产品——汉瓦。

□ 汉能集团创始人李河君

## ➔产品良率由50%上升至逾95%

在河源的实验室里，记者看到了汉能生产的柔性薄膜太阳能电池成品，其底层是一层仅有50微米厚的不锈钢卷，这种不锈钢卷对冷轧技术要求很高，最开始的时候仅有法国一家供应商可以提供，使得成本居高不下。

“2013年，我们在美国的生产线就实现了量产，良率为92%；2015年年中，在河源刚开始国产化时，国产不锈钢卷一进镀膜设备就出现褶皱，良率仅有50%。”徐晓华告诉记者。

为了实现原材料国产化降低成本、提升质量，汉能与宝钢下属的公司合作开展研究，其中，在河源这间实验室就花了8个月攻关。每次实验，要花10天的时间，8公里长的不锈钢卷进入镀膜设备，经过10个腔室的高温与高功率等离子体轰击以及几百个参数调节，设备也针对国产不锈钢卷的材质做了改造，要保证出来的50万片芯片都是良品；这种大型测试就进行了接近20次，材料费就花了几千万元。30多个人连班倒了8个月，终于攻克了这个技术难题，成功导入国产不锈钢基底，仅仅这一项就使得成本下降了40%。

而在中控室，记者也看到，当前出厂的产品良率达到了95.65%。

在这里，还有7间测试实验室，模拟外界极冷、高温等环境，进行加速老化等实验，保证产品质量。目前，汉能的薄膜太阳能产品质保可以达

□ 汉能薄膜发电集团执行董事徐晓华

到25年。在分析扫描实验室，则主要对产品进行内部结构缺陷检查。“看起来很薄的不锈钢芯片实际上有十几层结构，每一层结构内还有元素组分梯度变化，通过扫描电镜设备就能看到芯片横切面结构是否有异物、空洞，可以看到不同元素分布。”徐晓华向记者展示了两张对比图，“好的切面就像一层雪，而异物就像雪地里的脚印。”

## ➔以尖端技术吸引先进人才

包括河源在内，汉能还在国内和美国、德国、瑞典等地设立了研发中心，在全球拥有的核心专利已达1820件，其中50%以上是发明专利。

从2012年至2014年，汉能先后并购了四家享誉国际的薄膜太阳能技术生产商，即德国的Solibro，美国的MiaSolé、Global Solar Energy和Alta Devices公司。通过这四家公司拥有的顶尖技术的不断融合创新，汉能一举成为全球最领先的薄膜太阳能企业。2017年4月，汉能控股集团还与中国科学院半导体研究所成立了“先进薄膜光伏联合实验室”。

经过多年探索，汉能铜铟镓硒CIGS及砷化镓GaAs薄膜太阳能电池最高转换率分别达21%及31.6%，经美国国家可再生能源实验室认证，均为全球第一。2016年，汉能在铜铟镓硒、砷化镓技术的研发效率、量产效率取得重要突破，占据5项世界纪录。同时，用薄膜太阳能技术成功开发4款全太阳能动力汽车，以及薄膜太阳能“汉瓦”、便携式薄膜太阳能发电纸、发电包等一系列新产品。

汉能还拥有包括优秀科学家在内的全球薄膜太阳能技术人员超过2000

名，其中包括一大批国内外先进半导体和光伏领域的顶尖科学家。现在在河源，很多来自国内外的行业顶尖人才都甘心蹲在河源的工厂里。“这里是将顶尖高端技术进行消化、实现量产的过程，除了待遇好，最重要的还是尖端技术吸引先进人才。”徐晓华说。

## ➔为摩拜单车提供太阳能电池板

在河源实验室，记者看到一块黑色的薄膜太阳能电池板，有车筐大小。徐晓华说，这就是汉能与摩拜单车合作的产品。我们平时骑共享单车的时候，能在摩拜单车的车筐里看到一块黑色的板，就是汉能的产品。

原来，每一辆摩拜单车均配备了具有自主知识产权、带有卫星定位和移动通信功能的“智能锁”，这一方面带来了更好的用户体验和安全性，另一方面也提出了移动用电需求。而汉能提供的移动能源解决方案，充分利用薄膜太阳能组件柔性可弯曲、质量轻、能效转换率高、弱光发电性好等优势，能够将薄膜太阳能组件集成到摩拜单车车身，把车辆打造成独立的绿色发电主体，通过阳光照射为单车蓄电池进行充电，解决摩拜单车“智能锁”等各类用电需求，从而使摩拜单车骑行更加自由，提升摩拜单车能源生产、回收、共享的效率，为用户带来升级版的绿色体验。

如同摩拜一般的场景化使用为薄膜太阳能的未来带来更多可能。汉能专注于该领域的背后则是行业即将爆发的“风口”。相关数据显示，未来4—5年，分布式发电及“移动能源+”产品两类市场的全球潜在累计安装量超过1000GW，全球累计潜在市场规模超过35万亿元。在我国，这两大市场潜在规模将达10万亿元，国家计划2020年光伏装机达到200GW。此外，随着薄膜太阳能上升为国家战略，各路企业也纷纷“加码”该领域。

汉能的商业模式也早已清晰可见，即以汉能全球最先进的薄膜太阳能技术和产品为核心，发力分布式发电市场与移动能源市场，通过上、中、下游战略协同，不断提升转换效率，降低成本，为行业与客户提供最好的薄膜太阳能解决方案与产品，最终实现上、中、下游全产业链盈利。

“商业模式不同，使得能源价值也不同，移动能源的单位能源价值远高于集中式能源。”徐晓华说，“薄膜太阳能发电成本虽然在不断降低，但目前难以与传统火电、水电等直接竞价，能源未来的发展方向应该是可以随处移动、无处不在的，而这正是薄膜太阳能的优势所在。”

2017年8月23日，汉能旗下美国全资子公司阿尔塔设备公司（Alta Devices）与德国奥迪汽车股份公司签订薄膜太阳能电池技术战略合作备忘录，双方将合作开展薄膜太阳能电池研发项目。奥迪与汉能共同研发太阳能车顶，样车在2017年年底推出。而此次合作不仅为新能源汽车全行业关注的续航问题提供了创新性的解决方案，还有助于推动清洁能源替代传统能源在汽车方面的绿色应用。

目前，汉能已围绕着“住”“行”两大领域，系统规划了上百种产品，包括各种发电建材、户外消费产品、电子产品、户用发电系统、柔性工业屋顶发电系统、农业应用，以及太阳能商用无人机、卫星等特种产品，太阳能汽车解决方案等，未来将逐步把这些产品推向市场。

（刘倩）

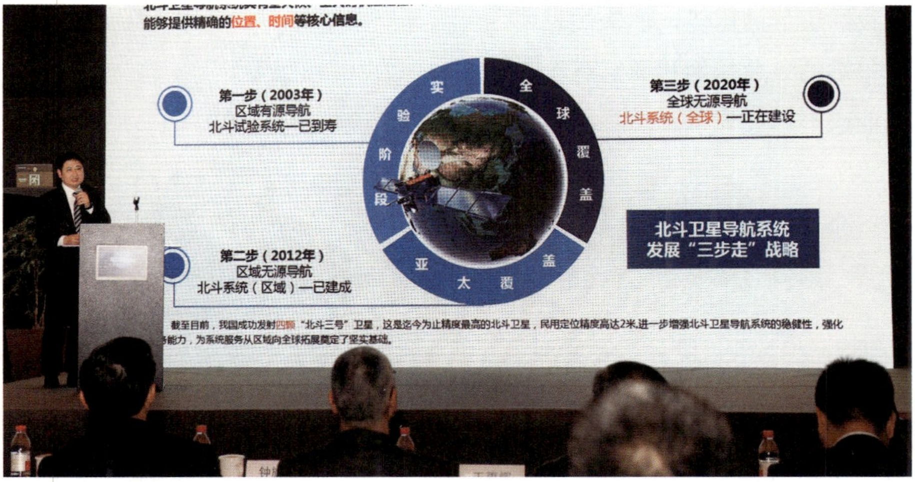


## 广州无线电集团：

# 每天加班四五个小时只为北斗系统

2016年，研发经费总投入增长18.1%，新产品产值率平均值为80%以上；2017年上半年，研发支出增幅继续上升，同比增长25.1%。这样的数字，来自一家由军工企业发展而来的国企。

在广州无线电集团，研发投入和创新活力让很多国外的竞争对手都自叹不如。很多人以实验室为中心，在简单而艰苦的日子里，取得了一项项的核心技术突破。

时光倒流11年前。2007年5月，北斗二号系统发射第一颗工作卫星。在北京一个空旷的试验场，广州无线电集团成员单位海格通信的北斗团队，尝试用首批研制的应用终端接收卫星信号。

在他们身后，中国探月工程总设计师、“两弹一星”功勋科学家孙家栋注视着这群活泼干练的年轻人。“他们衣着朴素，脸上带着长途奔波和熬夜加班后的困倦，但依然表现出很高的专业技能和训练有素的职业水准。”他说。

□ 广州无线电集团总裁、副董事长杨海洲

## “实验室是我们战斗的地方”

11年后，2017年8月31日，包括孙家栋院士在内，来自中国科学院、中国工程院的9位院士现身广州，见证广电研究院、中国电子信息行业广东研究院等成立；同日，广州无线电集团院士工作站揭牌，9位院士被聘为工作站顾问，未来将更加频繁来穗指导工作。

很难想象，一家地方企业能够组建人数如此多、领域如此广的院士团队。是什么让它能吸引这么多的顶尖科研专家？

无线电集团如今的掌门人、总裁杨海洲解开了这个疑问：“一是企业的军工出身，二是从事的战略方向，都决定了我们必须要走在技术的前沿和尖端。”

原来，始建于1956年的广州无线电集团曾研制新中国第一代军事通信导航装备，多个产品获得全国科学技术奖；经过多年发展，又先后被认定为国家创新型企业、中国电子百强企业等。

杨海洲说，集团的核心业务很早就涉及国防、金融安全等重要领域，并瞄准通信、导航和信息化等作为战略发展方向，科研创新早已融在企业的基因当中。

但滴水穿石非一日之功，创新突破亦非易事。

“我们做北斗设计的团队，平时每天加班四五个小时，周末全天加班是很常见的。因为我国起步晚、基础弱，千米长跑别人已经跑出几百米，起初咱体力还不如人，不比国际同行天天多工作几个小时，差距这么大，怎么追得上？”广州无线电集团成员企业海格通信的副总经理、北斗技术专家刘彦说。

作为四大卫星导航系统之一，我国自主研发的北斗导航系统正开展全球化合作与竞争。孙家栋院士认为，最终的赢家，还是要看谁的地面应用更广泛、更深入、更成功。而作为全国领先的北斗导航设备供应商，海格通信很多技术突破正是技术人员长期“不计代价”投入的成果。

“有一次我们在南京的实验室集中攻关，除了在宾馆吃饭睡觉，基本上都待在实验室里。”刘彦回忆说，“‘两点一线’的生活里，实验室成了研发队伍全身心投入‘战斗’的场地，3个月后回到广州，家里冰箱里的东西都臭了。做科研，一定程度上是得要点情怀。要全身心投入去磨炼、攻克技术难题。”

付出换来了收获。“以芯片设计为例，21年前我刚毕业进入广电时，人家的产品就一张名片那么大，而我们的有两本书那么大。差距差不多有30年，只好先研究人家的产品。光是把机器代码打印出来就有几本书那么厚，五六个同事每人分一叠去看，然后把数据框图描出来，再去分析学习程序结构，一点一点追赶。21年后，我们基本赶上了，缩小了差距。”刘彦说。

在金融领域，集团成员单位广电运通位于广州科学城的实验室也见证了很多创新技术的成功研发。

“如果没法掌握ATM的核心技术，会带来很多麻烦。因此早在公司成立之初，就决定了要走自主创新的发展模式，我们的研发团队也经历了连续几个月的封闭开发，几十个人从早到晚工作在一起住在一起，集中攻克机芯的技术难关。”广电运通总经理助理韩莹介绍，公司自主研发的“高速钞票识别与处理技术”在2013年通过国家工信部组织的科技成果鉴定，认定总体技术达到了国际领先水平。

目前，海格通信在北斗应用领域保持领先、在卫星通信应用全国前三；广电运通在柜员机领域全国第一、全球综合实力第四，产品卖到了全球80多个国家和地区。

## “人才集结是企业兴旺的象征”

2017年，广州无线电集团的实验室里，有了新的身影。

“芯片设计是各家的必争之地。而我国芯片的进口额每年接近3000亿美元，拥有‘广电芯’将是历史赋予我们这一代人的使命。”怀着这样的志向，54岁的唐锡南带着自己的团队和成果加入了广电集团。

作为在大数据分析、芯片设计等领域有20多年研究经验的专家，唐锡南在国际并行计算领域PPoPP上发表了国内第一篇论文，并在发表论文数上至今保持着亚洲纪录。

“我跟杨海洲总裁初次见面时就觉得很投缘，我们的青少年时代都在军工企业度过，耳濡目染了父辈们呕心沥血的忘我工作，也有着同样的梦想。这种共鸣和化学反应在我选择投资人或合作伙伴时，是一个很重要的因素。”他说。

除了良好的第一印象，无线电集团理想的创新平台和氛围以及广东创新驱动发展的大环境，也是吸引唐锡南的关键。此前，他先后在江苏创办了两家公司，如今决定前来广州。

唐锡南是一个缩影。对于人才的关键性，杨海洲体会真切、感悟深刻。

“集团前任总裁曾说‘人才流失是企业衰亡的开始，人才集结是企业兴旺的象征’，我深以为然。”杨海洲说，“社会变革决定组织变革，组织变革决定管理变革。科技创新日新月异，是中国和整个世界面临的必然趋势，企业和组织也不例外，需要持续的创新和转型升级才能发展。对无线电集团来说，必须正视这个变革。”他说，大力引进像唐锡南这样的国际性人才，就是无线电集团适应社会变革采取的措施之一。

近年来，无线电集团不断加大人才引进力度，通过投资、引进和培育等手段，以及建立院士工作站、开展校企合作等方式，形成高端技术创新资源和人才聚集。

这也成了内部的共识。“高端的产品和技术为什么别人不能做而我们能做，关键在于人不一样。”成员单位广电计量技术管理中心总监蒋赞一就透露，公司与中国计量大学开展长期合作开设“广电质量学院特色班”，公司不仅负责编写学生的实习课程，还建立中国计量大学实习基地，为学生提供实习机会和专业指导。“这样学生在校就能与业界充分接轨，培养更全面；而且起码有一半学生毕业后会留下来。”他说。

而背靠中山大学等10余所高校、科研院所的67位专家组成的“智库”，集团成员单位广电物业开物业管理企业获全国“高新技术企业”认定的先河，也让不少人惊叹。

应对变革，也不仅限于广招贤士。据广州无线电集团技术管理部部长邓家青介绍，集团通过成立广电研究院等促进源头技术创新；通过“实业+资本双轮驱动”推动产业和资本融合发展，引入社会资本、培育新的业务板块，提升集团整体核心竞争力，创建“可持续发展的创新型高科技企业”。

（肖文舸）

# 第三章
# 我眼中的粤商

## 马云：广东和浙江企业家应该联合起来

马云说，广东和浙江企业家，应该联合起来面向全球开拓未来。

第三届世界浙商高峰论坛2017年8月17日在腾讯的老家——广东省举行。虽然论坛是在广州而不是深圳举行，但这是马云第一次在广东省发声。

在论坛上，马云表示，粤商更为低调、闷声发财，浙商则很高调、自带网红色彩。但是长三角和珠三角的共同基因是敢于第一个吃螃蟹的人特别多，敢为人先、勇立潮头。

马云的言论引发大家对粤、浙两地经济交流融合的憧憬。他说：“我反对把广东和浙江一味进行对比，我们一个企业做大做强是在于它的眼光，如果它的眼光在一个县只能做一个县的生意，如果它的眼光看全省能做全省的生意，如果它的眼光看全球就能做全球的生意，广东和浙江企业家，应该联合起来面向全球、面向‘一带一路’，因为只有这样我们才能够开拓未来。”

此外，马云还强调，当下是中国企业营商最好的时代，“这几年我去了很多的国家和地区，给我最大的感受之一就是中国的稳定是重要的经商环境，如果说跟其他企业竞争的话，国家的稳定、政治的稳定是中国企业家的先天优势”。

对于企业应该如何赚钱，马云表示：“过去企业家的成功只要抓住一两次的机会，甚至只要抓住社会发展中的漏洞就能够赚钱，但进入21世纪，你必须去担当社会的责任，你必须去解决社会的问题。你解决的社会问题越大，你的企业做得越大；你解决的问题越小，你的企业可能做得越小。”

以下为马云在第三届世界浙商（广东2017）高峰论坛的演讲实录：

尊敬的冯副省长、尊敬的黄副省长，尊敬的邹会长、胡会长，各位领导，各位浙商的朋友，各位广东企业界的朋友，下午好。特别荣幸能够参加这次论坛，更是要在这儿祝贺和恭喜我们广东浙江商会的所有的交接仪式顺利进行，感谢邹会长过去对广东浙商做出的巨大努力和贡献。

做浙商工作其实不容易，我刚才在中午的浙商会长会议上讲，服务浙商有点像我们念大学时候的学生会工作一样，就是个奉献精神，有很多琐碎的事情、具体的事情，是件不容易的事情。也祝贺和恭喜年轻有为的胡会长，刚才在下面交流过程中，我知道他企业非常之忙，创新做得也不错，但是能够担当这个责任，我觉得这是一种勇气，做会长是不容易的，我估计两年以后你就能感觉到了。

另外，我想第三届的论坛也非常好，浙商在全世界做企业做得好，不仅仅是因为我们有“四千”精神，不仅仅是因为我们会吃苦，因为大家都会吃苦，做生意的人都很累、很辛苦，但我们浙商会学习，利用论坛这种机会，我们交流、沟通、学习，只有学习才会让浙商进步。

特别高兴浙商总会又多了一个重量级的会员，我觉得浙商聚在一起，不仅仅是因为我们来自于同一个家乡，而是我们有一种共同的价值观：永不停止创新、永远坚持努力、不断拼搏的浙商企业家精神。浙江商会成立之初，我们就秉承“不行贿、不偷税漏税、不欠薪、不侵权”的“四不”理念。很高兴今天我们又多了一个重量级的践行集体，也恭喜刚才所有获奖的广东十大浙商，更要恭喜所有的签约者。签约是最容易的，但是签字下去就意味着责任、意味着承诺、意味着行动和结果，所以我相信浙商关注自己每一次的签约仪式，每一次签约必须有结果。

马云参加广州《财富》全球论坛开幕大会

过去企业家的成功只要抓住一两次的机会，甚至只要抓住社会发展中的漏洞就可以赚钱，但是未来的企业，特别是今天进入了21世纪，你必须去担当社会的责任，必须去解决社会的问题。你解决的社会问题越大，你的企业做得就越大；你解决的问题越小，你的企业可能做得就越小。

今天也是全世界做企业最好的时代，特别是在中国，这几年我去了很多的国家和地区，给我最大的感受之一就是中国的稳定是重要的经商环境，如果说跟其他企业竞争的话，国家的稳定、政治的稳定是中国企业家的先天优势。

现在国家正在做两件事，一个是理顺外部关系，那就是通过“一带一路”理顺中国和外国的关系。另外一个是理顺内部的经济结构，就是供给侧的改革，这两件事情我认为是国家之战略，任何一个企业如果你想做大、做好、做强，必须吻合国家战略。

有一点可以相信，即使现在很多人在批评全球化，但过去二三十年的全球化，给世界经济带来了很多的繁荣，当然也同样带来了很多的困难和麻烦，但是这些困难和麻烦也是我们这些今天的企业、今天的年轻人巨大的机会所在，而“一带一路”是下一轮的全球化。

我相信30年以后的企业，如果没有办法做全球的生意，没有全球性的思考、全球性的布局，会非常之艰难。未来的企业如果不从供给侧改革去推进、改变自己，将会非常之艰难。

大家讲，阿里巴巴做得不错，其实阿里巴巴前几年就提出了转型升级，阿里巴巴是转型升级以后的企业，也是一个供给侧改革以后的企业。我们认为过去的制造业基本上以B2C为主，企业自己制定标准、营销市场，而未来的制造业必须是C2B，根据市场、根据客户进行大规模、柔性化、个性化定制，这才是真正的未来。

2016年我提了五个“新”：新零售、新制造、新技术、新能源、新金融。很多企业并不以为然，但是很多企业已经开始高度关注，新零售正在蓬勃地改变中国的经济结构，新零售的下一步一定是新制造，而新制造就看广东、江苏和浙江——长江三角洲和珠江三角洲决定了新制造未来的希望。

但是新制造的冲击会远远大于零售行业受到的互联网冲击，所以，广东的企业请高度关注未来10年，制造业将会受到巨大的冲击，这个冲击不亚于现在传统零售行业面临的互联网冲击。但是冲击和变革才是真正的机会，没有冲击和变革就不可能有年轻人的机会。像刚才胡会长，这么年轻担任了浙商广东商会的会长，我希望他能够带领大家一起把握住这样的机会。

所以总体来讲，我们国家理顺外部关系靠“一带一路”的全球化，理顺内部关系靠供给侧的改革，特别是面临人类社会巨大的机遇，那就是技术变革所带来的巨大机会。所以我想，这是一个最好的机会，如果你担心它，你就会失败；如果你拥抱它，你就会有成功的机会。

另外，我也希望大家能够把握住五个“新”，更能够把握全球化，要记住未来你的利润来自于技术和创新，未来的利润并不来自于规模化，以规模化、标准化为主的制造业和生产企业，将会由于这一轮新的技术遭到巨大的冲击，所以我希望大家能够以正确的心态去面对各种各样的创新，只有创新才能够迎接未来，只有技术才能够带来永久稳定和持久的利润。

当然，我们也希望各级政府能够在各方面支持创新的同时，能够正确地拿出办法来解决创新所带来的不确定因素，我们不能按昨天的方式进行管理创新，更不能一刀切地管理创新，既然提出这个国家创新是未来，我

□ 有“欧元之父”之称的蒙戴尔教授出席全球浙商高峰论坛并作主题演讲

们必须有良好、优秀、快捷、高效、创新的管理未来不确定因素的方法和政策。

所以，珠三角和长三角的基因非常相似，大家得风气之先、敢为人先、先行先试、勇立潮头是我们两个地方的共同基因，当然珠三角和长三角敢于吃第一个螃蟹的人特别多。我们有相同之处，也有不同之处，我们关注了广东企业，粤商更为低调、闷声发财，浙商很高调、自带网红色彩。粤商更善于引来外部资源，而我们浙商善于寻找外部资源。粤商更加懂得包容和开放，而我们浙商寻求变革、寻求开创。所以我们既有相同之处，也有不同之处，浙商善于向全世界学习，我觉得广东的浙商就会就地取材，我们在广东的浙商要学习粤商身上那些我们没有的特色。浙商很抱团，我们总是在自己的圈子里面近亲繁殖，其实过多的近亲繁殖会出现怪胎，所以浙商和其他文化必须进行混合、混血、融合发展，杂交优势、特为优先。

其实在过去十年以来我非常之忙，但是我永远没有停止过在全世界各地区学习、交流和思考。在我脑子里面，没有中国和外国之分，没有民营企业和国有企业之分，没有大企业和小企业之分，只有好企业和坏企业之分。所以希望大家不断学习，不断融合，不断以当地的利益挂钩在一起。

从长江三角洲来到珠江三角洲，加起来是中国经济的半壁江山，全球制造业的半壁江山，广东和浙江现在是世界上最有活力、营商最好、人才最密集、资金最密集、房价不是最高，但是经济条件总体来讲还是不错的地方，广东和浙江发展得好，除了我们的“四千精神”以外，我们希望两地政府能够继续一如既往地支持民营经济、支持营商环境和经销环境。

广东和浙商有现在的地位，是因为几十年前我们的前辈们有前瞻的眼光，我们能够在多数人还没有看见的情况下大胆去试、大胆去创，才会有今天的成就。广东和浙江是传统工业、制造业的基地，但未来是未来制造业的基地，这就是要看我们这一代的人如何把握技术优势，如何把握变革优势，如何把握“一带一路”的优势，如何把握创新的优势，如何利用好年轻人，这才是我们企业家共同面临的巨大的机会。所以我不太愿意，我也更加反对，把珠三角和长三角进行对比，把广东和浙江一味进行对比，把广州和杭州进行对比，把白云机场和萧山机场进行对比，我觉得没有意义。

我们一个企业做大做强是在于它的眼光，如果它的眼光在一个县只能做一个县的生意，如果它的眼光看全省能做全省的生意，如果它的眼光看全球就能做全球的生意，广东和浙江企业家应该联合起来面向全球、面向“一带一路”，因为只有这样我们才能够开拓未来。

最后，预祝论坛圆满成功，希望广东浙商群体能够服务好广东企业，能够在这儿创造更多的就业机会，培养更多的年轻人，为本地缴纳更多的税，因为不交税的企业是不负责任的企业，当然交了税的企业不注重环境也是不负责任的。

最后，我是特别希望2018年所有的企业家，特别是我们浙商，积极投入到脱贫之中去。中国有7000多万人还在贫困地区挣扎着，邓小平领导的改革开放让一部分人先富起来，我们是属于那部分先富起来的人，让先富起来的人带动后富，这既是我们的责任，也是我们的机遇。所以我希望所有的浙商参与到脱贫中去，扶贫是政府的任务，脱贫是我们企业家的责任，所以拜托大家，我们共同努力。

谢谢大家！

李东生：

# 新粤商的“新”更多体现为现代性、全球化

自古以来，粤商就在中国商界占据重要地位，从唐朝的海上丝绸之路到近代的广州十三行，粤商创立了举世瞩目的辉煌业绩。改革开放以来，凭借政策放开和毗邻港澳的地理优势，新一代粤商抓住历史机遇，以独特的商业智慧和白手起家的创业精神，勇立市场经济潮头，为中国经济发展和世界贸易史增添了浓墨重彩的篇章。

改革开放40年来的发展过程中，粤商在传承“精明肯干”“通达务实”“和气生财”等传统粤商精神的同时，又融合了西方管理文明的因素，孕育出独具岭南特色的新粤商精神，其精神内涵包括了力争上游的进取精神、百折不挠的坚韧意志、灵活经营的变通思维、务实包容的开放心态、敢为天下先的创新精神等等。当今，新粤商的精神内涵在改革开放前期的基础上又有了新的发展，当代新粤商的“新”更多地体现为现代性、全球化。当代新粤商的产业形态不再局限于承接香港、台湾制造业转移的“三来一补”产业模式，从单纯的加工制造出口到深度参与到国际产业分工体系当中；在管理理念和方法上更多吸纳世界先进管理模式的精华，基本完成现代企业制度改革，形成与世界接轨的企业治理结构；经营范围已面向全国，走向世界，产业投资、并购重组和贸易往来遍布全球各地。

以TCL集团为例，位于珠三角地区的TCL集团成立于1981年，历经37年筚路蓝缕的奋斗历程，扎根南粤、走向海外，屡屡彰显出新粤商的精神特质。特质之一，具有敢于改革创新、适应变化的胆略。因时而变、随势而动，多次根据外部环境和市场变化，转变企业经营理念，推动企业改制上市，不断变革创新组织体制和企业文化，始终保持旺盛的生命力和活力。特质之二，具有超越自我、敢为人先的魄力。敢于挑战行业巨头，投入巨资上马华星光电，成为中国大陆企业唯一掌握半导体显示领域的“面板—模组—整机”垂直一体化产业链条的彩电制造企业，打破日韩企业在半导体面板制造领域的长期垄断，实现半导体面板产业格局的重大突破。特质之三，具有实业报国、回馈社会的情怀。坚守实业报国情怀，抵御赚快钱的诱惑，扎根消费电子产业，支撑中国经济发展的信念从未动摇。经过37年的艰苦奋斗、砥砺前行，TCL从一家生产磁带的地方性小工厂起步，业务范围逐步拓展到彩电、通信、白家电、半导体制造和互联网服务产业，成长为产值超千亿元的中国电子信息产业领军企业。在企业做大做强的同时，铭记社会责任，积极支持和参与扶贫济困、爱心助学等社会公益事业。特质

TCL集团董事长兼首席执行官李东生

之四，具有放眼世界、展开全球布局的视野。全球化是企业发展的必由之路。TCL国际化从越南起步，连续亏损18个月后，跃居当地市场第二；并购法国汤姆逊彩电业务和阿尔卡特手机业务，首开中国企业并购跨国公司先河，在国际化阵痛当中，反思自省、革故鼎新，实现“鹰的重生”。20年间，跨过四大洲、五大洋，在世界各国广泛设立生产基地、研发中心和销售公司，海外销售收入占比接近50%，在全球范围内树立起中国制造的大国品牌。

当前，全球经济格局进行深刻调整，产业转型升级压力日益增大，人工智能、云计算和大数据等新技术浪潮汹涌而来，身处挑战与机遇并存的新时代，新粤商也需要与时俱进、不断更新。面对全球市场更激烈的竞争，TCL集团将不断反思，敢于否定自我，推动战略转型，加大技术、管理、组织流程和商业模式全方位的创新力度，构建适应互联网时代发展趋势的核心竞争能力，为成为全球化的智能产品与互联网服务企业开拓新的发展空间。

（李东生，广东省总商会名誉会长，TCL集团董事长、CEO）

# 刘若鹏：开放创新，科技兴国

2017年4月，习近平总书记对广东工作作出了“四个坚持、三个支撑、两个走在前列”的重要批示。为贯彻落实习近平总书记的重要批示精神，作为新粤商，我们要在经济发展中实践“开放包容”和“勇于创新”的粤商精神，积极为广东的发展做出重要贡献。

## ➔开放包容 汲百家之长

广东作为改革开放的前沿，为粤商的发展壮大提供了有利的背景，粤商在40年的改革开放中，积累了丰厚的资金、人才、技术和管理经验，粤商企业也在全国乃至世界有着巨大的品牌影响力，为地区、国家经济注入了无限活力。粤商在改革开放的过程中培养出了开放包容的思维，在新时代的发展下，能够从大局出发，批判地思考市场化、国际化的环境，不断调整自身的发展战略，以适应最新的变化。

作为一名立足广东、放眼全球的创业者，我深深体会到了粤商的开放性和包容性。我选择广东作为归国创业的首站，是为广东对创业者的优惠政策、对人才的开放包容所打动。在成为一名粤商后，我亦把这一精神贯彻到企业的运营管理中，在企业内设立了博士后培养站，建立了一系列的人才机制作为政策补充，以吸引更多的优秀有志人士来粤发展，这也是我们和其他优秀粤商企业保持活力和竞争力的重要原因。

勇于创新探索的精神在世世代代的发展中一直根植于粤商，也随着时代的变迁不断更新定义，并且不断服务广东的经济发展，实现产业升级。正是由于广东有“开放包容”的基因，在光启集团创业初期仍属于超前沿领域的“超材料”得以在深圳落地生根。

## 勇于创新　探未来之谜

在新时代下，这种“开放包容”精神也在不断顺应新的历史号召，“一带一路”倡议的提出和粤港澳大湾区的部署，为粤商带来新的机遇和挑战。

光启科学董事局主席刘若鹏

从广东出发，我们在国家重大战略部署下不断地扩展更多的可能性，我们在“一带一路”沿线国家和地区建立了研究机构、创新总部，充分利用当地的优势资源，了解不同的需求，构建互利共赢的合作关系，更倡议成立“一带一路创新共同体”；在“粤港澳大湾区”背景下，我们也积极主动地建立对应的合作关系，借鉴各地的开发经验，在新的起点上全面提升粤商的品牌和战略。我们亦在技术合作上实现了创新，我们是首家在以色列设立投资基金和孵化器的中国科技公司，为粤商乃至其他投资者更好融入国际创新圈提供了新颖的示例。

人们的生活水平不断提高，对生存空间有了更高层次、更多样的需求。在社会和市场的驱动下，粤商也不再满足于提供传统的服务和产品，而是在国际化大平台上探索新的发展方向，挖掘新的业务。作为一家创新科技公司，我们也不再局限于传统的科技探索，而是寻找尚未被开发的科技“蓝海”；在技术管理融合上，我们也开拓了新的合作模式，有效整合了技术和市场的需求。

而新兴技术更能在军民融合等领域发挥更大作用。超材料是当前国际上应用于现代高端装备领域最热门的新兴技术之一，作为超材料领域的领军企业，光启集团以创新科技能力为国防军工提供支撑，尖端装备业务现已形成了超材料功能结构件、超材料电磁罩、超材料天线及优化组件三大产品体系，相关产品已在我国多型军用飞机、海军装备、导弹、反隐身雷达系统等核心高端装备上逐步得以应用。

除了应用在高尖端的装备，我们还积极将已成熟稳定的超材料技术转入民用，也已具备了可以在所有可称为装备的硬件上进行普及的条件，为经济社会发展提供强大的推动力。

作为新粤商的代表，光启集团一直坚持着“为中华科技复兴而努力”的初衷不动摇，我相信，在科技创新的推动下，未来新粤商不仅在商业、经济、社会领域发挥更大的作用，更能为科技强国及改革发展提供更大的动力与支撑，为人们营造更平安、智慧、幸福的生活环境。

（刘若鹏，光启集团总裁）

## 苏志刚：

# 敢为天下先的时代先锋

在2016年召开的第三届粤商大会上，广东省委书记胡春华指出：“粤商自古以来就享有盛名，千百年来凭借务实开放、敢闯敢拼的精神，在市场竞争中脱颖而出，谱写了广东商人成长成功的光辉篇章。”“务实开放、敢闯敢拼”是对粤商精神的精准定位与精辟概括。

2017年7月，广东省省长马兴瑞与粤商进行了面对面的座谈，肯定了粤商敢为人先、务实创新的精神和为广东经济社会发展做出的重要贡献。

### ➔敢为天下先，引领中国商业文明

破旧立新、敢为天下先的粤商精神，对促进中国经济社会发展功不可没。

改革开放后，得益于中央对广东和粤商的重视，广东成为改革开放的“试验田”，一直走在中国经济的前列。在电器、IT、互联网等支柱行业的龙头企业和品牌中，粤商企业更是占据大半部分，承担着发展国民经济、提升国民生活水平的历史重任，为经济发展增添了无限动力。

粤商的成就，既源于自身的努力，也受惠于改革开放政策。中国四大经济特区，广东占了一半。可以说，没有党的改革开放政策的直接推动，就没有粤商今天的成就。我个人对此深有感受：粤商尤其是早期粤商，相当一部分是洗脚上田的农民，没有邓小平同志和党的改革开放政策，我们中的很多人连温饱都解决不了。

作为粤商，我们要有感恩心态，要听党话、跟党走，坚定不移地走中国特色社会主义道路，坚定不移地创新发展企业，坚定不移地履行好社会责任。这也是我们粤商继续创造辉煌的保障。

## ➔开放创新，紧抓时代发展机遇

与其他地区的商人相比，粤商更务实、低调，更注重实体经济及工匠精神。习近平总书记到各地视察企业时，曾多次强调要培养和弘扬精益求精的“工匠精神”。

广东经营数百年的老字号企业众多，还有众多各行各业的知名品牌，足见在经营理念上，粤商首要注重的就是品质和口碑。“专心做一件事，把一件事做好”是“工匠精神”的最好体现。

在新的历史条件下，广东经济和粤商又迎来了新的机遇。习近平总书记多次强调发展实体经济的重大意义；2017年5月，省第十二次党代会又明确指出要大力振兴实体经济；2017年7月，省长马兴瑞跟粤商面对面座谈时，再次强调要进一步振兴粤商，引领粤商发展实体经济。如今，粤港澳大湾区和“一带一路”倡议的发展建设成为党和国家的重大部署，粤商在这一轮经济增长中大有可为。

习近平总书记提出“创新、协调、绿色、开放、共享”五大发展理念，为我们指明了接下来的发展方向和发展重点。

曾经在改革开放中一马当先的粤商如何在新一个改革周期再次引领潮流，成为中国经济的排头兵和风向标，这是我们广大粤商所必须面对的艰巨课题。我相信，我们粤商一定会不辱使命，用自己的努力交出一份让世人满意的答卷！

（苏志刚，广东省工商联主席、广东长隆集团有限公司董事长）

## 翟美卿：

# 务实、创新是新粤商精神的灵魂

历史上，粤商不仅和徽商、晋商、苏商、浙商等并列为五大商帮，而且享誉盛名，一直是中国商业文明的引领者。

历史传承到今天，粤商更是创造了不输于前人的辉煌功绩，改革开放的号角激发了新粤商敢为人先的拼搏意志，用短短40年的时间，把珠三角打造成举世闻名的世界制造业中心，广交会更是成为全球商业贸易的第一平台。

广州作为千年商都，是新粤商创业兴业的沃土，无论广府商帮、潮汕商帮还是客家商帮，都踩着改革开放的鼓点，在广东这片富饶的土地上成就了一个又一个商业奇迹。今天，中国制造正在走向中国创造，新粤商在新的科技浪潮、新的商业变革中无疑占据着先发优势，身处海上丝绸之路的起点，开放包容的粤商责无旁贷地承担起先锋军和开拓者的使命与角色。

当下，在国家大力推行“一带一路”倡议，积极推进粤港澳大湾区规划建设的大背景下，粤商迎来了新的发展机遇。新时期，粤商又应当如何适应改革创新的时代要求？我认为，创新是新粤商精神的核心与灵魂。

当今中国经济发展的一个重要节点是处在信息化快速推进的发展时期。大力推动互联网时代商业模式的创新，是广东省委、省政府赋予新粤商的责任和任务。广东作为互联网大省、制造业大省，就要顺应新一轮产业变革的大趋势，加快发展“互联网+”，推动商业模式的大创新大突破大发展。因此新粤商当下最紧迫最直接的精神要旨，是创新运用互联网平台构建核心竞争力。

事实上，新粤商已经敏锐地在“互联网+”领域中进行着勇敢的探索和实践，而且成果丰硕。例如，在2016年举行的广东互联网大会上，腾讯、爱九游、华为、网易等10家公司凭借在行业内树立示范企业标杆，带动广东互联网产业的健康发展而荣获2016年度广东十大“互联网+”领军企业奖牌。而香江集团早在2012年就创建了“金海马电子商城”打造“互联网+家居”电子商务平台，以智慧、智能为定向，创新“智家居、智出行、智安全、智健康”等全线新产品，打通智能家居产业链，打通线上线下服务链，构建老百姓的“智能生态生活圈”，让百姓真正享受到实惠、放心和舒心。2016年，香江集团还制定了未来五年的战略目标：以“产业+互联网”和大数据技术为引领，带动传统产业转型升级，以金融产业和大健康产业为重点，实现集团跨越式发展。

□ 香江集团总裁翟美卿

香江集团在推进供给侧结构性改革、坚持创新发展战略的引领下，以前瞻性的眼光，布局深圳前海、珠海横琴以及广州南沙三大自贸区。其中，前海香江金融中心将打造成国际金融高地及亚太地区有重要影响力的供应链管理中心。珠海横琴•金融传媒中心则是广东自贸区唯一金融、传媒跨界联盟的标杆。而处于粤港澳大湾区中心区域的南沙项目未来将构建成辐射整个大湾区的科技金融中心。2017年7月，香江集团和南沙区政府、国际软件巨头微软强强携手，推出“微软云暨移动技术孵化计划—广州云暨移动应用孵化平台”，共同布局创新生态圈。由此可见，香江的创新发展思路和国家大战略方向完全一致，也和新粤商的创新精神相吻合。

过去，我们粤商族群能够成为时代的弄潮儿，除了“特殊政策”的天时、比邻港澳的“地利”，更重要的是敢为人先、通达务实的粤商精神。今天，务实、创新精神，是推动新粤商发展的活力和动力的源泉。乘长风破万里浪，倡导创新，鼓励创新，发展创新，把创新作为新粤商精神的支柱，创建新粤商商业文明的新精神，是香江集团和所有新粤商朋友们义无反顾的共同担当。未来，在中国新经济的浪潮中，我们应当更好地发扬新粤商精神，把“粤商”这块金字招牌擦得更亮，让粤商的商业足迹行得更远，在中国经济的升级发展中展现更多的才华、创造出新的辉煌。

（翟美卿，广东省工商联副主席、香江集团有限公司总裁）

陈鸿宇：

# 当代粤商是世界的粤商

通常大家都认为“粤商”就是“广东商帮”的简称。实际上，要了解什么是粤商，首先要厘清“粤商”的基本概念，也就是要认识“粤商”的内涵和外延是如何演化的。马克思、恩格斯曾说，包括文化在内的所有人类的历史，起点都在于人类的物质生产活动。因此，研究粤商应该“在商言商”，从粤商的经济活动出发去发掘粤商的精神与文化，而不能本末倒置。

从古至今，粤商的形成与发展都存在于一定的经济背景之下，粤商的定义也随着时空的变化而不断变化，经济活动的主体、经济活动的领域、经济活动的内容等不断丰富与发展，使得粤商本身的概念也不断丰富。因此，我们应该从广东、全国乃至国际的经济发展轨迹中寻找粤商形成和发展的轨迹。所以，我们要研究的当代粤商，早就不同于汉武帝时期在东南亚沿海经商的粤商，也不是唐朝时期与阿拉伯商人进行贸易的粤商，更不是清代中叶十三行的粤商。这就需要从不同的维度对粤商概念的内涵与外延进行分析。

第一是时间维度。从历史与现实相统一的视角看，粤商发展历史的每一个阶段都具有某一方面的独特品格。直到改革开放之后，粤商的综合特征才逐渐凸显，粤商作为一个特色鲜明的群体，真正登上国际和国内的大舞台。马云说：“心有多大，市场就有多大。”远古时代粤商心在近海，于是就开始做马来半岛的生意；后来粤商走进阿拉伯世界，于是开始做阿拉伯人的生意；近代粤商想做世界的生意，于是就走向世界。当代粤商传承了历代粤商的优秀传统，在国家的开放型经济新体制中努力发挥支撑作用。所以说，粤商概念的内涵要从历史与现实的统一中去寻找。

第二是空间维度。粤商的发展表现为集聚形态和扩散形态的统一。随着历史的推移，粤商的分布也在不断变化中。以近代为例，粤商的集聚和扩散脉络表现得更加清晰，随着国际资本和海外华人资本的进入，香港和汕头崛起，近代港商、潮商为粤商注入了新的活力，粤商概念的外延也随之拓展。而近代粤商也从单纯的营商转变为工商兼营，实现了生产、服务、商业的统一，粤商的性质也从单纯的商业资本转变成了工业资本和产业资本。

第三是企业维度。与传统粤商相比，当代粤商的企业形态已经发生了两个方面的根本性转变：粤商逐渐由家族企业转为现代公司制企业，由单体企业形态逐渐延伸产业链条，走向产业集群。农耕社会时期，广东地区的商业虽然有所发展，却未能形成像晋商、徽商那样在全国范围有较大影响的商帮，因为当时粤商没有形成晋商、徽商那样有特色的产业集群和产业链。改革开放以后，大量的粤商企业走出了单体模式，走向产业集群，由单纯贸易型企业走向工商联体企业，如华为、美的、格力等。同时，粤商企业也从家族企业走向现代公司制企业，由家族控股转为聘用职业经理人管理。粤商经商的思考方式也从重商业之“术”走向了重工商业之“道”，从经验积累和口口相传走向有战略思考地经营企业，使得粤商转型又快又准。因此，粤商成为全国商业集群中勇于创新、新业态涌现较快的群体。

第四是产业维度。粤商概念的内涵是随着产业链不断向前、中、后端延伸而拓展的。例如，明代中叶，广东地区人口密集但缺少粮食，粤东商人便去安徽、苏州乃至泰国一带采购粮食，但长期买卖粮食不能解决根本问题，广东人便全力围垦珠江三角洲和韩江三角洲种植粮食。粮荒缓解后，又积极开展粮食输出贸易。当时，广东已经懂得用生产和商贸联动的办法，保护粮食生产，保持市场供求平衡。改革开放之后，广东成为全世界最大的世界工厂，当代粤商便成为世界的粤商。世界需要什么，广东就研发什么、生产什么、供应什么；广东需要什么，就从世界购买什么、引进什么。广东就从单纯的加工制造出口融入国际产业体系之中，此时粤商已经在大规模地利用国际的资源发展广东的经济，粤商已经成为全国最早最快走出去并购国际企业、在海外建厂的标杆性群体。

第五是创新维度。粤商把握住了历史上的六个关键转折点，得以形成今日当代粤商的体量和品格。一是在秦汉年间，广东利用近海岸线的地理优势开展出口贸易，使广州成为在汉唐时期全国最活跃的外贸门户，从而为粤商植入了“开放”的基因。二是在明清两代独口通商时期，粤商用活用足政策，获得发展。三是以红头船为代表，粤商成功开拓了近代东南亚和北上的贸易航线，广东因而成为对接海内外贸易的最重要平台。四是近代以来，大量广东人涌入香港，大量广东移民下南洋，甚至远达北美和澳大利亚，构筑起牢固的海外粤商网络。五是借助香港和香港粤商的兴起，进一步提升了整个粤商群体的国际化水平和开放水平。六是改革开放以来，广东粤商始终坚持以实业为根基，资本运营状态不冒进、不激进，努力使商业资本服务于广东传统实业的转型升级。

基于上述五个不同维度认识和研究粤商概念的内涵与外延，我将粤商的特色归纳为：开放包容、前卫现代、创新嬗变和审慎守信。

粤商最大的特色就是开放包容。长期以来，粤商坚持面向国内、国外“两个窗口”的双向开放，使“粤商”概念具有强烈的开放性，只要来到广东经商的都是粤商，而粤商走到世界哪里也都是粤商。从这个角度看，粤商的概念是不以血缘、亲缘、家族、地域、籍贯或户籍为边界的。

粤商前卫现代的表现就是率先走向现代市场经济，形成多元开放的

□ 工商联企业代表——格力集团

现代资本结构和现代新业态。相比全国其他地区，广东多元经济发育更成熟，非公经济比例更高，民营经济活力也更强。

粤商还具有创新嬗变的特征。在产业升级上，粤商擅长不断自我否定、自我变革，从不教条化地拘泥或固守于某种成功模式，探索、创新的行动力特别强。

最后一个特色就是审慎守信。审慎不同于低调，更不是自卑和谨小慎微。审慎是在机遇和危机面前不盲目、不冒进，看准了商机才果断出手。广东对外开放较早，也较早熟识经济贸易的国际惯例和国际规则，行正道、守信用的国际商业伦理在粤商心中根深蒂固，“信得过”“靠得住”就是国内外商界对粤商审慎守信特色的肯定。

（陈鸿宇，广东省委党校教授）

王珺：

# 既要“坐商”广东，也要“行商”世界

在我的调研中，与粤商接触挺多。粤商有着与企业家相同的秉性，他们给我的印象是，发现机会、抓住机会的能力比较强。在他们身上，还有三个比较明显的特质——开放、务实与专注。

从开放精神来说，广东的企业家发现与抓住机会主要不是靠与政府的关系，不是靠家族财产的继承，而是靠在实干中学，靠参与多种市场信息的沟通、交流与分享。据我所知，以民营企业家为对象的各类沙龙与讲堂在广东是最多的，这反映了广东企业家更愿意去学习、去交流，而不是担心自己的信息泄漏而采取封闭的心态。粤商们常说：“有钱大家赚，钱是赚不完的。”这说明，在粤商眼里，市场是双赢的，要以开放的心态来对待才能走得更远。

从务实精神来看，要把发现的机会变现，而自己不一定具备所有的变现能力，这就需要寻找合作者。但是，由于利益不一致加上信息不对称，实际上，进行合作的成本是很高的。比如说，一些地区流行的“宁做鸡头，不做牛后”就是对这种合作成本过高的一种反应，宁愿放弃做大的机会，也不愿意与别人进行合作，因为合作带来的风险与担心甚至超过了合作的预期收益。而我了解到的一些粤商对这种合作的态度就有所不同，他们告诉我，在跟别人合作时，他们并不是刻意地要求有控制权，只要投入能带来符合自己预期的收益就够了，如果逢合作必要求控制权，就会失去许多商机。

从专注精神看，改革开放以来，广东的许多轻纺、电子产品生产是从模仿起步的，但是，一旦进入，便有了专业技能与经验的积累，这种人力资本意义上的经验积累成为适应时代与创新需要的一种能力来源。俗话说，没有过时的产业，只有过时的技术。美的集团就是这样的一个典型，美的专注于家电产品，不断推陈出新，从而持续地立足于家电市场竞争行业桥头。当然还有许多制造业中的“单打冠军”。之所以在制造业中有这样一批具有专注精神的企业家，就是因为他们有打造百年老店的打算，如果没有长期打算，只有捞一把就走的心态，那么专注精神就生长不出来。

新时期、新环境下，这三方面的精神需要传承，也需要扩展。

首先，要培养国际竞争的本领。过去40年来的发展中，大量外资与劳动力等要素流入，在本土形成了产业发展的机会，使粤商具有“坐商”的特点。在经济全球化浪潮中，国内外经济的互动日益紧密，特别是“一带一路”倡议下走出去发展的机会日益增多。对于粤商来说，不走出去，就无法获得大量外部的机会，这就使得粤商产生了“行商”的需求。要走出去所遇到的困难也比在本土做生意更多、更复杂，诸如语言、文化、法律制度、产业配套等，这就需要培养一种“行商”的能力。

其次，要把学习作为打造竞争优势的不竭动力。

再次，要拓宽学习的领域。专注不等于“两耳不闻窗外事，一心只耕自己田”，而是要熟悉与适应不同国家与地区的宗教文化传统与习惯对产品与服务的需求特点，还要留意“他山之石”，特别是要把新一轮以电子信息产业为代表的新技术革命对生产方式与生活方式产生的深刻变化，纳入到要素整合范围之内。

最后，要提高学习应用于实践的能力。企业家的学习不仅是书本，更多是实战的经验，学习的效果体现为解决问题的能力。注重问题意识、具有国际视野、明确自己特点、熟悉政策导向、增强相互信任，这是粤商走好未来发展之路的关键所在。

（王珺，广东省社会科学院院长）

## 周建波：
# 粤商与生俱来的创新基因

仁者见仁，智者见智。说起粤商，不同人的理解也不同。个人理解认为狭义的粤商，特指历史上的广州商人和潮汕商人。而广义上来讲，在广东这块大地上创业发展，为广东经济做出巨大贡献的人，都应该属于粤商的范畴，因为他们都受到粤商精神的熏陶。

在讨论粤商精神之前，我们需要回顾一下历史，弄清楚生活在广东这片大地上的广东人最早来自于哪里，因为粤商精神是受到这块土地的地理环境和土地上的人影响的。

唐宋以来，特别是宋元时期，大批北方人南下广东，其中包括一些很有进取心、很有文化的北方人。不仅如此，一路南下的过程，也锻炼了他们，使他们开阔视野、增加知识、增长胆量。

而近代历史上，广东一直引领中国风气之先。这是因为，近代历史，是由西洋文明、欧美文明推动发展起来的。广东地处中国南部海疆，地理位置的便利使其成为最早接触西洋文明的地区，这也是广东能在近代中国产生重大影响的重要原因之一。

基于此，我认为，在理解粤商精神时，必须考虑到广东特殊的地理环境，以及粤商的先人中有相当的比例是南下的北方人这两个因素。简言之，粤商的先人是一群不仅有文化更有着强烈的民族气节、不惜冒险犯难寻求新生活的人，而寻求理想的过程开拓了他们的视野，对未来、对远方更加充满着信心，这与不远万里开拓商路的商人精神非常吻合。

对粤商精神的理解，个人认为可以概括为四个方面。

第一，不畏艰险。在唐代，到广东的北方人主要还是被发配到岭南

□ 2017年8月12日，以“粤港澳大湾区建设与侨商发展”为主题的第四届侨商峰会在深圳举行

地区的一批人。到了宋元之际，一些北方人选择主动南下。历史上，中原地区到岭南交通极其不便，这些人一路南下，筚路蓝缕，没有相当的进取精神是做不到的。如此，也就可以理解为什么如今粤商遍布全球，因为他们有与生俱来的不畏艰险的基因。有一组数字可以说明，全球100多个国家，祖籍广东的海外华侨华人有3000多万人，占所有华人华侨的70%；祖籍广东且居住在港澳地区有500多万人，占港澳人口的90%。走出去不容易，但是广东商人敢走出去，敢于拼搏。

第二，勇于创新。创新是多方因素促成的。首先，要有创新的动力，历史上中原人一路南迁，条件十分艰苦，在这个过程中必须发挥他们的聪明才智，将潜力发挥出来。其次，要具有创新的能力，广东人的先人中，有一定比例是历史上南迁的一批有能力、有追求的北方人，这有助于创新的成功。最后，要具有创新的条件，须多方面的信息交流。此外，广东的文化兼容并包、东西合璧，很大程度上与全球的信息在这里汇聚有关。

第三，闷声发大财。历史上北方人南下到了广东之后，他们不热衷政治，闷声发大财。这样带来的好处就是职业化管理，为企业职业化管理、健康发展创造条件，更有利于企业长久可持续发展。

第四，信仰至上。历史上北方人被迫离开家乡南迁，对保留传统文化非常主动。广东的庙观保留比较多，有了庙观，人们就有了经常聚会的场所，聚会易形成相互激励的力量，避免懒散堕落；而且经常交流，彼此了解，也为合作奠定基础。广东人团结，和经常聚会有很大关系。

我对广东企业未来的发展很看好。在“大众创业，万众创新”的大环境下，在创新方面，走在全国前列并且走出一条路来的就是广东。因为粤商精神的熏陶，同时具有创新的条件，全球信息在此汇聚，广东将在很长一段时间内继续引领中国的风口。在创新能力、创新精神方面，广东相当一段时间内仍会是全国的排头兵、领头羊。

（周建波，北京大学经济学院教授、中国经济思想史专家）

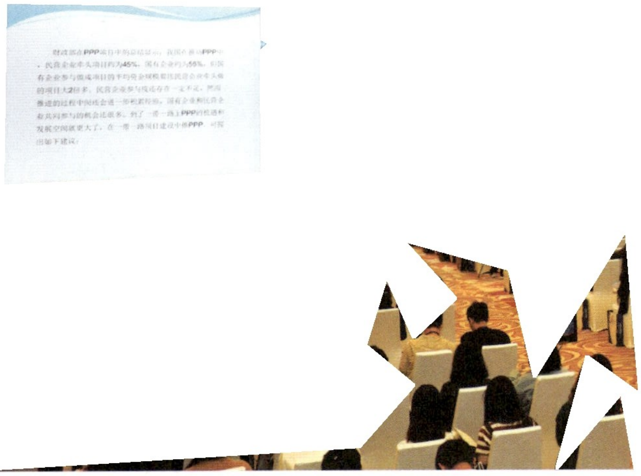

刘瑾：

# 粤商一往直前，开拓先锋

粤商，广泛意义上可以指广东籍、在全球范围内，或者非广东籍、在广东地域内从事商业活动的商人群体称呼。本文侧重于讨论对广东乃至中国经济发展有着实质贡献的后者。粤商群体最重要的文化精神特征，即是在商业领域开疆扩土、勇于开拓、冲在前沿、抢占先机、引领行业。

粤商精神特质与在地文化影响息息相关。岭南地处中国南疆及云南以南的越南红河区域一带，曾被称为“南越”，其文化有着清晰的地域特征，与代表中国主流价值取向的中原文化差异较大，从而体现出海洋文化与内陆文化的明显不同。中国古代文化核心区域是今天的山西、陕西、河南以及北京西南之地域，离海较远。中原传统儒家文化强调“礼治”，强调等级秩序，以维护封建社会的统治。“仁”是儒家道德体系中的最高原则，“孝”与“悌”是“仁”的基础。“百善孝为先”“父母在，不远游”都强调孝敬父母为人生之要义。以逐利为经营活动目的的商人在中国传统文化里被形容为“无商不奸”，商人文化很长时间是被边缘化的。南越被中原视作未开化之地，对于海洋的探索长久以来并不被封建王朝统治阶级重视。有着浓重商业文化传统的南越文化并没有在意来自主流文化的评价与藐视，而是勤恳务实、低调灵活地进行商业活动，继承并推动商业文化自身的进一步发展。

通向南海的交通掌握在越人手中，而广州，即古代的番禺一直以来都是南方最重要的海上枢纽，是古老灿烂的中华文化从陆地走向海洋的一个重要文化节点，是从泉州起源的“海上丝绸之路”的主要贸易城市。在唐代，广州就作为对外贸易的活跃港口，成为中外文化交流的窗口城市。东南亚以及欧洲的商品都从这里进入内陆，然后通过内陆、世界一流的运河及内河系统运输到中国北方等地。伴随着贸易而来的是中国海洋文化的觉醒，广州成了当时中国经济全球化的“排头兵”。1757年，清政府闭关锁国后，规定广州为唯一贸易港口，粤商的独特性与在中国近代社会的重要性更为凸显，其自成一体、主流文化之外有益补充的文化使得粤商与“十大商帮”的其他成员虽同为商人但文化迥异。广东商帮“靠海吃海”，其逐利多与海洋有关。海纳百川，海洋给了他们宽广的胸怀与开放的心态，他们通过贸易互动的方式学习新知识、获取新经验，并将之消化用以指导在地化行业发展。没有内陆经验可以借鉴，粤商就自己摸索出与外商打交道的经验，这些异域文化再从广东传播到内陆，使得广东很长时间内被视为社会潮流引领之地。这种文化交流与传播走向与当时的货物贸易流向极为相似。它推动社会从只重视农业发展的农耕文化向手工制造业、商业等兴起的工业文化靠近，人们可以从事的社会行业变得多元化，从而促进了文化、技术的传播与交流。

古往今来，粤商都是勇于试新、接受新事物、学习新知识、挑战新行业的商业领袖代表。马应彪于1914年在广州长堤大马路经营中国第一家百货公司——先施粤行，这是国内第一次出现在一个固定场所经营多种商品。先施使用“通天礼券”、电梯设备、顶楼游乐场、晚间节目表演、“一元店”、“十元店”等现代百货仍然使用的各种经营策略吸引和扩大客户群；广东南海人陈启沅1872年在南海简村投资开办继昌隆缫丝厂，将手工缫丝之风引到机器缫丝之路上，使机器生产成为新鲜事物；在轮船招商局工作期间，广东香山县人唐廷枢制定出台中国海运企业的第一部航行规章《航海箴规》、珠海人士徐润收购美国旗昌轮船公司以及富有经营轮船公司经验的郑观应的商业操作案例，都奠定了中国航运业的基石；唐廷枢和徐润意识到轮船保险的重要性后，于1875年在上海成立了保险招商局，开启了中国的保险业……

粤商不仅快速认知、建立新行业，更不断创新销售技术、推动新产业发展。“蛇王满”不断研制新菜品、推陈出新销售蛇肉，使蛇宴在广东地区普及开来并大受欢迎；广州老字号“潘高寿川贝枇杷露”、张裕葡萄酒、先施百货、冠生园食品公司等都利用过报纸登出广告进行商业宣传；通过与艺术形式结合，粤剧与电影《白金龙》的火爆使得南洋兄弟烟草公司的白金龙牌香烟销量猛增，畅销东南亚。

□ 华为CEO任正非会见英国财政大臣奥斯本

现代粤商秉承先辈文化精髓，与时俱进，勇闯新型商业领域，独占鳌头。深圳的腾讯公司在中国力推“互联网+”发展战略，提出传统优势行业与互联网科技技术结合，从而完成产业转型升级、提升内核竞争力，试图打造“互联网+”的全新社会生态系统。此发展战略受到国家肯定，在国内得到大力提倡与推广。腾讯公司董事会主席兼首席执行官马化腾自身创业奋斗的历史就是一部中国互联网发展历史的浓缩：他由熟悉的传呼机技术领域进入商业；创立OICQ，然后被告侵权、产品失败；再到创办腾讯公司，其“即时通信技术”使腾讯迅速壮大，成为互联网业界翘楚；近几年来，旗下微信产品与手机载体的完美结合，直接侵占瓦解博客与微博用户市场。这两项产品拥有中国几亿名用户，几乎只要上网的中国人的电脑或手机都会安装使用这两个软件。腾讯不断找寻市场热点，不断试新，不断创新网络收费模式，将产品链不断丰富、自成体系，成功改变了中国人的沟通模式。2017年，马化腾再次入选《财富》杂志最新公布的“2017中国最具影响力的50位商界领袖”。2017年8月，《福布斯》实时富豪排行榜上，马化腾这位含蓄内向的潮州人因为腾讯股价上涨而成为中国首富。

商业思想家华为任正非、打造出世界级民族旅游品牌长隆集团的苏志刚、商业超人李嘉诚、商界女强人格力电器的董明珠等新粤商继往开来，不断思考与践行商业发展新趋势、新模式，快速高效地领跑业界。如果说单身只影冲向美国西部开荒辟地、不论出身背景、靠自身奋斗实现个人价值与梦想的西部牛仔是“美国梦”的意义源头与文化符号，那么粤商就是当下中国借助“一带一路”建设与粤港澳大湾区发展机遇，最有力地实现中华民族伟大复兴之“中国梦”的“领头羊”和“排头兵”。开拓进取、敢想敢干、强悍坚毅的岭南商人将会带领广东商业走向新的高度。

（刘瑾，北京市社科院文化研究所副研究员）

# 白明：新粤商靠什么崛起

广东作为中国改革开放的前沿，伴随着以珠三角为引领的经济发展，也涌现出越来越多在世界上有影响力的企业家。与历史上以广府帮、潮州帮、客家帮、海陆丰帮等帮系为代表的传统粤商相同，改革开放后涌现出的一大批新粤商同样具有开拓精神、刻苦精神。不同的是，新粤商的视野与思路更为开阔，对国内外现代科学技术与管理经验接受能力也更为超前。如果说传统的老粤商们善于捕捉市场商机的话，那么在中国深度参与经济全球化的时代，新粤商更善于在国内外市场创造商机。

从新粤商的成长环境来看，在广东特别是在珠三角，企业家之所以“扎堆”，不是偶然的。那么，新粤商崛起靠的究竟是什么？

首先，新粤商的崛起在很大程度上得益于一个“闯”字。作为华为的掌门人，任正非在31年前以2万元起家，创办了华为公司。一路走来，华为不容易，任正非更不容易。用陈毅元帅《梅岭三章》中的诗句来形容，正是“创业艰难百战多”。不过，即使日子再艰难，他都保证按销售额的10%拨付研发经费。如今，华为已成为全球最大的通信设备制造企业，在美国《财富》杂志公布的2017年世界500强企业排行榜上，华为居第83位。

其次，新粤商的崛起往往也离不开一个“狠”字。20年前，国内空调市场正处于“诸侯混战”时期，时任格力销售经理的董明珠表现出“狠”的一面，宁可让出市场也不降价。董明珠带领23名营销业务员奋力迎战国内一些厂家成百上千人的营销队伍。后来，格力空调连续多年产销量、销售收入、市场占有率均居全国首位。在2015年《福布斯》亚洲商界权势女性50人榜单上，董明珠位于第4位。至少在新粤商的“朋友圈”中，董明

□ 在振兴广东实体经济论坛上，格力集团董明珠女士正在发言

珠也可以自信地哼着“谁说女子不如男”的小调。

再次，新粤商的崛起也时常靠一个“新”字。近些年来，随着节能环保意识的提升，社会上对新能源汽车的关注度越来越高，而以比亚迪为代表的一批新能源汽车企业也顺势而上。作为比亚迪的老板，王传福先是从新能源电池入手，后又涉足新能源汽车，始终在拓展新的领域。2008年，巴菲特以18亿港元认购比亚迪10%的股份。实际上，王传福所干的事情，恰恰是国家发展战略新兴产业最需要干的事情。巴菲特没有看错比亚迪，更没有看错王传福。

此外，新粤商的崛起还常常伴随着一个“变”字。众所周知，王石领导的万科也经历过多次转型。一开始，万科做的生意不少，带来“第一桶金”的生意恐怕是经营VCD。不过，万科并没有仅仅抱在VCD这棵树上，而是在20世纪90年代及时转战房地产领域。表面上看，当初王石涉足房地产的这个“宝”押对了，而实际上万科并不是盲目“押宝”，万科的“变”在很大程度上说明不光要穷则思变，在生意场上更要随机应变。

“新粤商”这个概念并不仅仅指以上提到的几位企业家，而是一大批人，像腾讯的马化腾、美的的何享健、TCL的李东生等。论名气，有些是企业和老板同样出名，也有些是企业比老板出名，但无论如何，他们都是成功的新粤商。

值得注意的是，在这些成功的新粤商中，绝大多数并不是在广东省“土生”的，像任正非是重庆人、董明珠是南京人，王传福和王石则都安徽人，但他们之所以能够取得成就，在很大程度上又离不开在广东这片热土上“土长”。在中国的改革开放进程中，广东是前沿，改革开放初期国务院批准设立的四大经济特区有三个在广东；在享受国家对外开放政策红利方面，广东也可谓“捷足先登”。这就是“天时”。与此同时，珠三角毗邻港澳地区，不仅开放意识强，而且在对外开放方面是“近水楼台”，这就是“地利”。那么，“人和”呢？固然，广东是全国著名侨乡，人们对外部世界变化比较能够适应，但这只是“人和”的一个方面，而敞开胸怀，让任正非、董明珠、王传福和王石等一大批“外来户”在这片热土上建功立业，或许这也是一种“人和”。

（白明，商务部国际贸易经济合作研究院国际市场研究部副主任、研究员）

# 谭炳才：新粤商精神的生命力和认同感

粤商是最早走出国门开展国际贸易的先驱，具备敢于尝新、务实低调、吃苦耐劳的优良品质，声名远播，与徽商、晋商、苏商、浙商四大商帮齐名，一直是中国商业历史文明的引领者。在新的历史方位和开放格局中，新粤商要继续走在时代前列、引领发展，就必须认清新时期粤商精神的生命力，寻找文化上的认同感、归属感。我认为，新时期粤商精神的生命力表现在四个方面：

一是敢闯。从逻辑起点上看，敢闯是最原始的动力。敢于尝新、先行先试，成就了“敢为天下先”的旧粤商风骨。新粤商秉承了这一特质：在新的时期，追求卓越，追求事业上成功，这种动力成了最原始的

“和谐感恩 敢为人先”新粤商精神研讨会上，政府官员及专家学者围绕新粤商展开讨论

动力。

二是敢创。从需求起点上看，敢创是最直接的动力，这是新粤商精神的灵魂。一个企业要获得生存与发展，必须敢于创新，善于创新，创新发展理念、发展方式、商业模式、科学技术，发展具有竞争力的优势产业，始终保持活力和生命力，以创新求生存，以创新求发展，这样才能获得竞争的优势、先行的优势。

三是合作。从趋势起点上看，合作是内生发展动力。只有强化合作共赢的理念，抱团发展，以开放的心态，以市场为导向配置全球优质资源，通过企业上市、增资扩股、兼并重组等资本运作，形成一个“抱团发展”“合作共赢”的企业发展载体平台，才能使企业走得更高更远。

四是互利。旧粤商讲求先利人再利己，讲究“有生意一齐做”，以互利形式共同做大利益蛋糕。新粤商始终坚持把互利放在首位，使相关利益者有合理的回报，以维持良好的生态利益链条，共同推动地区经济的繁荣，这是新粤商企业可持续发展的动力。

对新粤商的认同，根子在于对包容、并蓄、海纳这一岭南特色文化的认同，主要体现在以下三个方面：

从社会层面讲，新粤商继承发扬旧粤商不忘国忧、关爱民生的传统美德，顾大局、讲奉献、做慈善，用实际行动为国家分忧，为社会解困，为民众积福。在抗洪救灾、扶贫助弱、新农村建设等社会事业中积极捐资捐款，充分展现了新时期粤商的家国情怀和高尚风貌。

从企业层面讲，是对从商之道的认同。广东重商历史悠久，在岭南文化重实用思想的熏染下，广东人形成了重实利与重实务的精神特质，更倾向于实在、有用的内容和价值，诚信务实，更看重行动的可能性与现实性。如今的粤商走遍全球，放眼世界，更是以务实互利的开放心态参与到国际经济的分工与合作中去。

从个体层面讲，粤商文化强调兼收并蓄、灵活开放、寓商于娱、生意不在仁义在，融合海内外的商业文化精髓并具有鲜明独特的南粤特色，传承弘扬了儒商文化的优良特质。新粤商具有更多现代发展理念、更高思想境界、更强管理创新能力。新时期，我们应当更好地发扬新粤商精神，引导新粤商成为具有全球视野、家国情怀、厚德重义、勇于创新、富于竞争等特质的新兴知识群体，发挥其在市场经济建设中的主体作用，为广东率先全面建成小康社会、率先开启实现社会主义现代化的新征程做出应有贡献。

（谭炳才，广东省政府发展研究中心副主任、研究员）

梁军：

# 粤商精神应有时代新内涵

粤商之提法源远流长。粤商的精神内涵，在历史长河中变化不大，得以薪火相传。但是在改革开放以后，尤其是在经济、社会、文化高速发展变化的当下，需要重新梳理和提炼。提炼粤商精神，是为了传承，更是为了光大，为了适应现实社会发展变化所需。因此，我认为应该在前面加一个“新”字，即新粤商精神。

毕竟，现实正在发生根本性变化。现实已经发生了根本性的变化。

因此，仅在传统意义上、仅凭社会印象中、仅就马云先生的一句“粤商很低调”来探讨粤商精神，意义和作用十分有限。所以，应在传统认知的基础上加入倡导的成分。

## 粤商群体的新特点

粤商精神的“新”，具有如下几个特点。

一是粤商的籍贯构成，早已不局限在广东本土。这是粤商群体最大的变化，也是社会进步带来的必然结果。任何一类可称为“商”的群体，如果人员的籍贯、语言、习惯一成不变，基本上就可以放进历史博物馆了。我们现在看到的粤商群体，比如一些领袖级的企业家任正非、马化腾、董明珠、雷军以及曾经在广东起家的史玉柱，很多都不是土生土长的广东人。

二是粤商的学历阅历，早已不是当年洗脚上田开厂经商或高考落榜自谋出路的概念了。这一批前辈是改革开放以来粤商这一特定群体的功臣，是当前粤商的精神教父，值得我们永远尊敬。但是，随着“富二代”的成长，职业经理人蜕变，“海归”的持续涌入，高科技人才下海创业，互联网创业大潮兴起，新一代粤商的学历和阅历呈现高端化和国际化的特点。

三是粤商的商业模式，早已不是改革开放早期的“三来一补”“一铺养三代”或简单的差价贸易了。以上领域是粤商第一桶金的主要来源，也是粤商群体成长壮大到转型升级的必经阶段。如今，中国已成为世界第二大经济体，正经历从工业革命向信息革命转型的关键期，与全世界的经济联系日益紧密。这些变化深刻地影响着粤商的商业模式，而粤商的商业模式变革也正在深刻地影响中国。

四是粤商的营商环境，早已不是当年要“杀出一条血路”“见到红灯绕着走”的情形了。改革开放早期的粤商有许多游走在政策甚至法律边缘的行为，胆子大的人更有机会发财，“搏一搏，单车变摩托”，“行得快，好世界”。在今天看来，这些行为确实为建立市场经济体制起到了一定的突破和范本意义。如今，党和国家明确鼓励、支持和保护民营经济发展，市场经济体制和法治社会建设也在日益完善，民营企业家的政治社会地位空前地得到提高。

以上述几个“新”反观相应的“旧”，就会发现所谓粤商的“低调”“务实”“胆大”“精明”等传统认知，都带有明显的地域性和时代性的烙印。上述传统认知，就是传统粤商的精神内核。这样的粤商精神，根植于改革开放现实土壤，具有天然的合理性和强大的生命力，我们当然应当予以高度的评价并发扬光大。但是，结合上述的“新”，粤商精神也必须顺应时代的变化，在传承的基础上推陈出新，形成具有时代特征和使命担当的新粤商精神。

其实，也无须呼吁，它是不以人们的意志为转移的必然。

## ➔粤商精神应有所倡导

不论粤商精神如何传承和创新，不论粤商精神评选结果如何，我认为它离不开，也必须倡导如下四个方面内容。

一是“走得出去”。要以更加宽广的胸怀和视界，突破地域性局限，把生意做到全中国、全世界，使粤商不仅是一个中国的商业群体概念，还要成为一个世界性的商业群体概念。当前，必须高度关注并积极响应国家“一带一路”倡议。

二是“融得进来”。这是粤商也是广东文化的独特气质。海纳百川，有容乃大。不仅要融入各类人才、各国精英，还要融智、融资，最高境界是商业文化相融合。唯有如此，粤商才能更加生意兴隆、生生不息。

三是“沉得住气”。既要坚持科技创新之根本，倡导工匠精神和实业立国的理念，经得住各种短线快钱之诱惑，还要在面对经济新常态以及可能发生的经济危机或金融风暴时，对中国经济与发展未来保持乐观和坚定的信心。

四是“撑得起来”。在实现中华民族伟大复兴中国梦的征程中，在目前推进供给侧结构性改革、实施创新驱动发展战略、构建开放型经济新体制过程中，在任何关键时期关键领域，粤商要具有家国情怀、发挥积极作用，要成为中国商业群体的中流砥柱，同时在履行社会责任、回馈社会方面发挥引领和支撑的作用。

（梁军，广东省社会科学院科研处处长）

# 马化腾：
# 粤商精神像源代码根植于心

2017年9月19日，2017年粤商大会在广州正式开幕。包括全省各地、20多个兄弟省市的知名粤籍企业家代表以及来自港澳台、海外10余个国家和地区的1000多名知名粤商代表出席大会。会上，马化腾、董明珠、王传福、杨钊和苏志刚作为粤商代表发言。

粤商代表在发言中纷纷表示，党中央和省委、省政府高度重视发展实体经济，出台系列政策举措，为实体经济提供重大发展机遇，粤商进一步坚定了扎根实业、做强主业、壮大产业的信心和决心，将积极弘扬粤商精

□ 腾讯公司控股董事会主席马化腾回答记者提问

神，引领创新发展。

## ➔马化腾：顺应形势创新是粤商强项

“粤商精神更像程序的源代码，是一个文化符号、文化基因，一个标准化接口，植根到粤商群体的企业文化和价值追求当中。”在2017年粤商大会上，腾讯公司控股董事会主席马化腾提出了自己对于粤商精神的理解。

马化腾认为当代粤商普遍具有四个特质：务实的作风、创新的精神、开放的胸怀、常怀感恩的心。他以腾讯为例，每一个腾讯员工的工牌背面都印着“四大神兽”，分别代表着腾讯的四种企业价值观：正直、进取、合作、创新。马化腾认为，这些价值观和千千万万粤商企业的价值观一样，都是粤商精神在不同领域不同行业的直接体现。

“实干出实业，爱拼才会赢。”马化腾表示，广东的实体经济、制造业做得又大又强，走在转型升级的前列，这与粤商务实、实干、实在的性格分不开。

马化腾认为，顺应形势和用户需求进行创新是粤商的强项：“敢闯敢试、勇于创新，一直以来都是广东这个地域的主要基因。这种创新是一种低调、稳健的创新，而不是好大喜功、盲目冒进。”

马化腾还提出：“粤商应该是最有‘人情味’的企业家群体。”根据2017年《福布斯》慈善榜单的不完全统计，广东捐赠企业数位居全国第三，捐赠总额占上榜名单的一半，感恩社会、回馈社会已成为粤商的重要共识。

## ➔董明珠：企业家要立志成为创造者

“创新对一个国家、一个民族来说，是发展进步的灵魂和不竭动力，对于一个企业来讲就是寻找生机和出路的必要条件。”格力电器股份有限公司董事长兼总裁董明珠提出，企业家要立志成为创造者。

“广东在国人眼里是最有钱的地方，事实上，广东也是有思想的地

□ 在振兴广东实体经济论坛上，格力集团董明珠女士正在听取企业家发言

方，有着一批敢想、敢干、敢闯的粤商企业家。”董明珠表示，近年来，粤商取得的突出成就离不开党中央和广东省委、省政府的关心和支持，“在这样优越的营商环境下，粤商没有理由不把广东打造成为中国乃至世界的排头兵”。

谈及自主创新对于企业的重要性，董明珠深有体会：“过去，格力和其他制造业企业一样，依赖别人的技术和零件，无非是个加工厂，即使有个品牌、质量好，但都是用材料堆砌的。而今天，我可以自豪地说，格力走向世界是因为拥有自己的技术。”

董明珠表示，相信未来粤商会有更好的发展：“不是因为我们在世界上出口产品多，而是因为我们创新的技术、服务、理念走向了世界。我们大家共同努力、携手同行，让更多品牌走向世界，让世界爱上中国造。”

## ➔王传福：专注实业用心打造世界品牌

“专注实业，用心打造世界品牌。”比亚迪股份有限公司董事长兼总裁王传福作为粤商代表发言。

比亚迪股份有限公司董事长兼总裁王传福

“广东经济总量连续28年全国第一，靠的就是实体经济的重要支撑。”王传福认为，专注实业，企业才能获得长远发展，专注实业也是比亚迪坚定不移的发展方向和制胜法宝。他说，秉承创新、务实、开放的精神，无论是在艰辛的创业初期还是企业快速成长阶段，比亚迪始终心无旁骛地做实业，专心致志地扎根实体经济，致力于我国绿色交通产业的崛起，为实现中国梦不懈奋斗。

“当前，党中央和省委、省政府高度重视发展实体经济，出台系列政策举措，为实体经济提供重大发展机遇，也进一步坚定了我们扎根实业、做强主业、壮大产业的信心和决心。”王传福表示，粤商要专注实业、坚持创新，为实现中华民族伟大复兴的中国梦做出积极贡献。

## →杨钊：对广东未来发展充满信心

“作为一名香港企业家，目睹家乡日新月异的变化，我深感骄傲自豪，更对广东未来的发展充满信心。”香港旭日集团董事长杨钊在大会上深情发言。

□ 香港旭日集团董事长杨钊

杨钊在发言中发出了“抢占科技创新制高点、粤港携手打造世界级湾区”的呼吁。他认为，国家建设粤港澳大湾区的重要目的之一，就是打造世界级湾区，在全球新一轮科技创新中抢占制高点。

在杨钊看来，粤港深度共融、携手合作有坚实的基础、有力的平台和良好的机遇。

杨钊认为，今天的广东已经形成了完整的产业制造群，并涌现出一批世界级的科技企业；香港作为国际金融、物流和贸易中心，拥有与国际接轨的知识产权保护体系，有充足的资金和金融支持，为粤港合作打下坚实基础。2017年年初，“落马洲河套港深创新及科技园”合作协议签署，为粤港提供了实现强强联合的创新型平台。此外，“一带一路”倡议、粤港澳大湾区建设为粤商带来新的发展机遇，这是粤商的时代发展先机。

## ➔苏志刚：粤商要为实现中国梦做贡献

“我们既是改革开放的受益者，更是粤商精神的传承人，我们一定要有所担当，更应该有所作为。”大会上，作为粤商代表，省工商联主席、长

□ 广东省工商联主席、长隆集团董事长苏志刚

隆集团董事长苏志刚表达了服务家乡、建设家乡、回报家乡的坚定决心。

“我深切地认识到，没有党的改革开放政策，广东的经济社会发展特别是民营经济的发展就不可能有今天的成果；没有党深化改革的坚定决心，粤商精神就不可能勇立潮头、引领先河。”苏志刚表示，广东各级党委、政府紧紧围绕企业健康发展，出台了一系列推动民营经济大发展的政策措施，高度重视企业家地位，大力弘扬企业家精神，为“敢为人先”的广大粤商提供着施展才华、服务社会的广阔舞台。

苏志刚认为，作为新时代粤商，一定要在务实中不断创新，在开放中寻求商机，在发展中担当历史使命，为实现中华民族伟大复兴中国梦做出应有的贡献。

（袁佩如）

# 李强：加快融入全球“大供应链”

“‘一带一路’意味着全球市场的重新划分和跨国供应链的协同作用更加深入，粤商要把握机遇融入全球‘大供应链’。”SAP（思爱普）全球高级副总裁、中国区总经理李强接受记者专访时说。

SAP是全球最大的企业管理和协同化电子商务解决方案供应商、全球第三大独立软件供应商，2015年参与开展中德首个“工业4.0”合作项目。作为该项目的直接主导者，李强结合项目经验向粤商建议，应加快实现从设计、生产、供应链管理、渠道管理及零售整体价值链的一体化转型，快速形成全球核心竞争力。

## ➔数字技术创新推动“一带一路”产业转型

**问：如何看待“一带一路”倡议对当前全球化的意义？SAP对携手粤商参与“一带一路”建设有何设想？**

答：“一带一路”倡议，目前正步入实施新阶段，成为推动全球化的新主角。对于全球的跨国企业来说，这个倡议打开了一扇巨大的市场之门。

“一带一路”不仅是物理意义上的“设施联通”，同时也是数字化意义上的信息“互联互通”，这为数字技术创新发展带来重要机遇。一方面，数字技术的运用，将为资金、技术、管理经验的“引进来”以及具有竞争力的产品、企业“走出去”提供重要的技术支撑；另一方面，以数字技术为基础搭建跨境电商平台、跨境电商产业交易链等，有利于冲破地理障碍，为沿线国家的综合物流、信息流、资金流提供便捷化服务。

□ 广东（潭州）国际会展中心效果图



SAP在Leonardo物联网领域投入巨资，非常希望与粤商合作创新，优化自身产品结构，提升品牌影响力。同时，我们将继续发挥在全球价值链中的作用，为“一带一路”沿线国家、大中小企业提供高效优质的“全球本土化”服务。

**问：“一带一路”建设中，广东和粤商怎么吸引更多发达国家和发展中国家的企业，尤其是实力较强的跨国企业共同开拓市场？**

答：“一带一路”意味着全球市场的重新划分和跨国供应链的协同作用更加深入，在此过程中，更加开放的市场和更加包容的心态将有助于吸引跨国企业。要有创新的氛围和激励的政策。低水平、高能耗的制造业转移不是当前“一带一路”建设的主要内容，围绕数字技术、打造数字经济，实现从“制造”向“智造”的转型才是核心目标。要以创新的氛围和激励的政策吸引发达国家、发展中国家企业“共商共建共享”。

同时，要敢为人先，充分利用先进技术，创新商业模式。国际资本是理性而实际的，技术制高点和资本焦点重合度高。当前国际资本投资热点集中于人工智能、大数据、区块链等先进技术及其衍生新商业模式。粤商要选对合作伙伴、选对产业方向，应当首先瞄准国际资本关注的先进技术和商业模式，大胆创新。

此外，通过交流合作，广东企业可联手海外企业最大限度地降低投资风险。比如充分了解“一带一路”沿线国家政治制度、认真研究相应法律规范文件，深入了解其税收、知识产权、劳工等法律制度；共同了解当地习俗，尽量实现“人才本土化”；密切关注汇率波动以及贸易、投资相关政策变动，提前做好应对准备。

## ➔加强“知识创新”的法律保护

**问：面向“一带一路”建设重大机遇，粤商需要培育哪些能力，更好地打响国际品牌？**

答：“世界工厂”的优势为广东和粤商积累了人才、信息、资金、国际化管理经验。现在“一带一路”机遇中，粤商既要主动开拓沿线新兴市场，也要重视与发达国家企业、机构合作，运用多种手段掌握国际话语权。

首先，粤商应制定清晰的品牌建设战略，运用丰富的品牌建设手段。如华为和SAP借助彼此的优势技术和市场号召力迅速打开欧洲市场。建设完备的生产线、加强售后服务、融入带动当地经济，也是应重点考虑的品牌建设方法。

其次，要实现从设计、生产、供应链管理、渠道管理及零售整体价值链的一体化转型，用全球视角来运营企业，参与到全球大供应链生态中去。

另外，还可通过国际化并购快速切入新兴市场，尤其是充分整合其他国家在技术、人才、市场及品牌等方面优势，快速形成全球核心竞争力。

**问：广东应怎样营造更加国际化的营商环境，吸引更多跨国企业来到广东，加入“新粤商”行列？**

答：知识经济时代，从世界到广东都需要培育更好的“创新沃土”。一方面，构建更加透明高效的机制来加快落实各项优惠政策和资金支持，鼓励粤商和来粤投资的海外企业利用“云大物移智”（云计算、大数据、物联网、移动互联网、人工智能）等前沿技术不断创新，实现转型升级。

另一方面，大力保护“知识创新”。当前，外资在华投资重点正逐渐从制造转向服务，其中高新技术产业、文化创意产业等比重也在增加。

SAP所在的软件和软件服务业就属于“知识产权密集型产业”，知识产权是我们的生命线。我们希望全社会共同推动对知识产权的重视，并进一步落实相关的法律保护。

## 【一句话观点】

德国将“一带一路”倡议理解为一项由各国共同参与的倡议，希望能够与中国共同塑造倡议，共同开发经贸项目。

——德国驻华大使柯慕贤

中国企业应依托“一带一路”建设、“中国制造2025”等有利条件，积极开展与相关国家、地区的标准化合作，实现以标准“走出去”带动中国产品、技术、装备、服务“走出去”的目标。

——国际标准化组织主席张晓刚

□ 中国制造2025对话德国4.0大会，中德双方的高级代表就中德智能制造“质”与“量”的合作进行尖峰对话

2015年12月，阿中两国签署了关于共同推进丝绸之路经济带建设的谅解备忘录，为双边关系发展开辟了新的广阔前景。阿塞拜疆目前正致力于促进本国2020年发展战略与“一带一路”建设的对接。

——阿塞拜疆国家科学院院长阿基夫·阿利扎德

“一带一路”倡议是中国向世界发出的信息，表达的是中国愿意与世界合作的愿望，如果不对此做出积极回应会是澳大利亚最大的一个错误。

——澳大利亚新南威尔士州（新州）反对党领袖卢克·福利

（陈晓）

何墨池：

# 粤商可借国际合作攀向价值链上游

2017年9月19日，2017年粤商大会召开，千名企业家共论创新与开放。同一天，中国欧盟商会发布《2017/2018欧盟企业在中国建议书》，建议中国促进经济全球化并进一步开放市场，身处开放前沿的广东也应积极推动粤商与世界的交流合作。

“我们期待中国能继续在倡导全球化和自由贸易领域起到引领作用，而广东可以当好‘探路者’。”中国欧盟商会主席何墨池（Mats Harborn）接受记者专访时表示，广东应进一步深化对外开放，主动营造更加国际化的营商环境和更加公平的竞争环境，推动粤商在开放中提升全球竞争力。

## ➔优势互补进军“一带一路”

**问：“一带一路”为欧洲企业带来了怎样的商机？欧洲企业和粤商可以怎样合作开拓“一带一路”市场？**

答：中国提出了“一带一路”倡议和“中国制造2025”战略，这两项内容都与全球化发展密切相关，“中国制造2025”的成功取决于融入全球供应链体系，而“一带一路”倡议实现需要全球各国认可和重视。欧洲企业对此很感兴趣，尤其关注“一带一路”中基础设施建设、货物贸易、服务业的巨大商机。

通过“一带一路”建设，中国正大力推动全球化进程。广东作为中国改革开放前沿之地，又在“一带一路”中有着良好区位优势，我认为粤商与欧洲企业合作空间巨大，而且双方在制造业、互联网产业、服务业等方面各有所长，在开拓“一带一路”沿线市场上可相互补充和促进。

## ➔公平开放环境吸引外商“扎堆”

**问：广东应怎样建设更好的营商环境，继续吸引跨国企业进入？**

答：2017年上半年我们发布了《中国欧盟商会商业信心调查2017年度报告》，其中56%的受访欧盟在华企业表示，若中国的市场准入有所放宽，将追加在华投资。

我们期待中国能继续在倡导全球化和自由贸易领域起到引领作用，而广东就可以当好“探路者”。市场更开放、政府更自信、规则更明晰，营商环境才会更好，自然会有越来越多外商“扎堆”来投资。

广东本身比较开放，粤商足迹遍布全世界，这是优势。未来建议进一步深化对外开放，降低监管环境的复杂性、放宽外商进入新市场领域或产品类别的限制标准，让外商更便利、更深入地参与中国经济发展和“一带一路”建设。

广东还要思考如何营造更加公平的竞争环境。政府要在市场发挥主导作用的基础上加强管理，促进企业遵守规则，促进中欧企业开展良好合作。

## ➔粤商细分领域全球竞争力较强

**问：粤商的全球竞争力和国际品牌打造能力如何？中国欧盟商会帮助和服务欧洲企业在中国发展时，有何经验可供广东借鉴？**

答：事实上，不少广东企业已在国际市场占据一席之地，拥有良好口碑。虽然并非所有企业都像华为、腾讯那样直接面对普通大众、取得巨大成功，但在很多第二、三产业的细分领域，粤商的技术创新和产品质量非常好，思路和视野开阔。与之合作过的欧洲企业对此印象深刻，尤其是在人工智能、互联网等领域。

当前广东深入实施创新驱动发展战略、大力推动“大众创业，万众创新”，加快推动产业转型升级，发展前景广阔。中国欧盟商会将进一步加强与广东各方面合作，支持广东出台更有建设性的方案，进一步打造国际化营商环境，促进公平竞争，实现互惠互利。

**问：广东企业怎样才能更好地利用境外创新资源、更加融入全球创新网络？**

答：一方面，政府要制定更有效的法律法规和创新政策，重点是在知识产权保护、技术成果转化、人才建设等方面，通过制定规则来保护创新、鼓励创新。

另一方面，社会各界要齐心协力打造良好的创新生态，要敞开大门“邀请”全球各种创新资源和要素到广东来，包括企业、研发机构、大学、孵化器等等。很多欧洲在华企业意识到，中国企业将在创新能力方面迎头赶上，这是挑战也是机会。比如已经有一些欧洲银行派专家到中国研究互联网金融和移动支付业务的创新发展，希望寻求合作。通过业务、技术、渠道等方方面面的国际合作，粤商可以借助外国企业的优势，加快攀升至价值链上游。

## 【一句话观点】

现阶段广东企业走出去，更着眼于提升企业综合运营能力以及全球竞争能力，积极推动国际产能合作。

——美的集团国际事业部总裁张克宇

中国正在成为全球最好的贸易市场之一。尤其是在粤港澳大湾区的时代背景下，广东企业以及市场迎来前所未有的历史机遇。

——新加坡广东会馆会长何国才

（陈晓　苏力）

第四章

# 国企改革再出发

## 广东省交易控股集团

# 做实大湾区产权要素资本市场高质量发展大文章

40年风云激荡，40年成就辉煌。40年，在历史的长河中不过是匆匆一瞬，而在与改革开放同步发展的新中国产权市场历史上却非比寻常。40年来，中国产权市场因服务国资国企改革而生，在服务改革开放中壮大，从最初服务企业国有产权转让，逐步拓展到股权、债权、知识产权等现代产权制度所涉及各类要素的有序流转和优化配置等全领域。

在改革开放40周年之际，广东省交易控股集团有限公司（以下简称“省交易控股集团”）迎来了集团组建5周年。短短5年时间，省交易控股集团在服务国资国企改革、建设全省统一要素市场、探索粤港澳大湾区非标资本市场等方面成绩显著，在全国超过300家同业机构中打造起“广东模式”。

“在集团成立5周年、更名为交易控股集团的新起点上，我们将以

‘二次创业’再出发的新姿态奋力开创改革发展新局面，牢牢把握高质量发展的根本要求，主动融入粤港澳大湾区发展，助力大湾区金融基础设施建设。”省交易控股集团党委书记、董事长刘闻表示。

## ➔后发先至，连续两年交易金额破万亿元

在中国改革开放的伟大征程中，国有企业作为中国经济的重要组成部分，同样经历了放权让利、承包经营、公司制改革、混合所有制改革等从计划经济到市场经济的改革历程，取得了辉煌成就。中国产权市场正是在这个过程中应运而生并发展壮大。自诞生以来，中国产权市场始终肩负着国有资产公开、阳光交易的重任，为国资优化配置和保值增值提供全方位服务，成为国家建立健全惩治和预防腐败体系的重要抓手。

位处改革开放前沿，随着国资国企改革向纵深推进，为解决广东产权交易机构交易量小、交易规则不统一、监管不到位等问题，2005年12月，省政府同意组建南方联合产权交易中心。2013年6月，为有效整合省内各类交易场所资源，建立统一规范、有效监管的产权交易市场，促进各类要素资源有序流动，在南方联合产权交易中心的基础上，组建了广东省产权交易集团。

五年间，该集团实现了高速高质发展，截至2018年10月，累计成交金额4.42万亿元，交易宗数稳居全国第一，2016年以来连续成为全国交易金额超过万亿元的两家产权交易机构之一。充分展现了平台型企业的经济带动效应，交易各方对税收贡献累计达2207亿元，撬动经济规模1.98万亿元。

2017年，历时20年的广东国际信托投资公司清算破产项目在该集团挂牌拍卖，成为轰动全国的“史诗交易”。经过22轮激烈竞价，该项目最终以551亿元成交，实现增值金额104亿元，增值率23.34%，成功开了重大破产财产进入产权市场公开处置的先例，实现司法委托拍卖和破产财产清算处置的创新和突破。

跨越式发展的背后，是来自于不忘初心的担当和使命。

“五年一路走来，我们在推动国有产权公开交易、国有资本有序进

退、国有资产保值增值等方面，始终发挥了阳光交易、程序监督、市场发现、价值创造等重要作用，成为国资监管中不可或缺的组成部分。”刘闻如是说。

从量的积累，实现质的飞跃；从点的突破，实现系统提升。2017年，省交易控股集团在推动全省产权交易市场整合上实现历史性突破，组建广东联合产权交易中心作为全省统一平台，实现交易系统、交易规则、信息发布、交易鉴证、收费标准和业务监管“六统一”。

建立统一产权交易平台，“北上广”三足鼎立局面形成，省交易控股集团用“广东智慧”在全国产权交易资本市场中写下创新发展的关键一笔。

## 创新驱动，要素市场建设领跑全国

“敢闯敢试、敢为人先”的改革开放基因，一直流淌在广东产权人的血液里。

从国有产权交易起步，到建立服务各类所有制产股权、知识产权、金融资产、水权、排污权、药品、珠宝玉石、钻石交易等在内的18个子平

□ 广东省产权交易集团第一次党代会

□ 广国投破产财产处理拍卖会

台，省交易控股集团始终奋进在推动要素资源市场化配置的道路上。

据省交易控股集团党委副书记、总经理刘志鸿介绍，目前，该集团已建成“要素与商品交易、金融与其他配套服务、数据与信息服务”三大主业，拥有国有（集体）产权交易、全省国有资产司法委托（涉诉资产）交易、全省唯一的金融企业国有资产交易、全省非上市股权交易、全省唯一的第三方药品电子交易、金融资产交易等众多资质……

早在2014年就被确立为省属国企职业经理人改革试点的省交易控股集团，始终坚持党的领导，灵活运用市场化机制，走出了一条“后发先至”、高质量发展的新路子：

——广东省药品交易中心在全国首创“五个在线”模式，首发药品交易价格指数，累计交易额4421.22亿元领衔全国，累计竞价平均降价率9.29%，“惠民利企保廉”的“广东模式”引领全国医药行业新一轮发展。

——广东金融资产交易中心致力建设全国领先的国际化平台，累计成交量3.06万亿元，创新产融结合、跨境转让通道，服务实体经济，推动金融要素自由流动和聚集。

——广东省股权托管中心打造全国首个“僵尸企业”出清重组专业服

□ 2018年9月29日，广东省交易控股集团在成立五周年之际，举办粤港澳大湾区非标资本市场探索与实践高端论坛

务平台，以“市场化+法治化”手段，多措并举“去产能”。

国家知识产权运营服务试点，广东省水权交易平台建设、综合性产权交易平台建设、排污权有偿使用和交易等试点工作均落户在省交易控股集团旗下，成果丰硕。

…………

“改革不止步，创业再出发。”刘闻表示，习近平总书记视察广东重要讲话精神，为新时代广东改革开放提供了强大思想武器与科学行动指南，省交易控股集团将深刻铭记总书记的殷殷嘱托，紧紧围绕“四个走在全国前列”和“四个方面重要要求”，扎实推动思想再解放、改革再深入、工作再落实。

## “双百”牵引，助力大湾区金融基础设施建设

2018年，省交易控股集团被确立为广东省属一级企业股份制改革试点，不久前，更进一步入选全国国企改革“双百行动”企业名单，积极探索打造治理结构科学完善、经营机制灵活高效、党的领导坚强有力、创新能力和市场竞争力显著提升的国企改革尖兵。

“主动融入粤港澳大湾区发展，助力大湾区金融基础设施建设，是我们当前最为核心的改革任务。”刘闻说，大湾区金融建设的关键在于推动“三税区、三法律、三货币”体制下的生产要素自由流通，省交易控股平台通过建设非标资本市场和要素配置平台，加速畅通资本、全要素资源跨境流动，形成连接境内外资本市场和生产要素市场的隐形“港珠澳大桥”。同时，依托“互联网+”，打造统一的大数据平台，覆盖、贯通产权要素交易全产业链，构筑一条大湾区产权交易资本市场“网上高速公路”。

按照高质量发展的要求，省交易控股集团聚焦“大产权、全要素、泛金融”三大特性，分类建设国际性、国家级、全省性的交易平台体系，形成平台之间资源共享、协调发展、齐头并进的良好产业生态圈。目前，集团已基本完成首轮压缩管理层级减少法人单位工作，打造产股权、金融资产、要素资源、新型智库等多个板块，进一步调整优化产业布局，为集团未来发展赢得了空间、释放了活力、加载了动力。

改革归根究底是人的改革。“在‘二次创业’新征程上，如何以思想的解放加速改革活力的释放，以观念的更新带动工作的创新，是摆在集团

□ 广东省产权交易集团亮相金交会

面前的新课题。”刘闻表示。

接下来，省交易控股集团将以党建引领“二次创业”，结合泛金融、平台型、新业态等市场属性，年轻化、知识化、专业化的人才队伍特点，积极探索和创新实践新时代国企党管大局、党管平台、党管人才、党管意识形态、“互联网+党建”等新做法，彰显党建工作凝心聚力、固根筑魂的独特优势。同时，以“双百行动”为总揽，深入推进以董事会为主市场化选聘经营班子、总经理以下全员市场化选聘管理，集团层面股份制改革试点与二三级企业混改，法人治理机制创新，人事薪酬考核分配制度改革等“1+N”综合改革，让创业活力、竞争力、创造力在新一轮改革中充分迸发。

改革开放再出发，砥砺奋进正当时。“改革永远在路上。我们将深刻领会习近平总书记在首届中国国际进口博览会上提出的‘着力落实新发展理念，构建现代化经济体系，推进更高起点的深化改革和更高层次的改革开放’指示精神，按照总书记对广东提出的‘四个走在全国前列’和‘四个方面重要要求’，积极推进粤港澳大湾区金融基础设施建设，打造立足广东、服务全国、面向国际、符合现代经济体系要求的要素资源市场化配置和交易平台，加快构建服务大湾区战略的产权交易资本市场，成为国家‘北上广’产权交易资本市场布局的重要一极。”刘闻表示。

## 【奋进12载】

2005年12月，广东省政府同意组建南方联合产权交易中心。

2013年6月，经广东省政府批准，在南方联合产权交易中心的基础上组建广东省产权交易集团，标志着省级大型综合性交易平台集团正式诞生。

2013年9月，广东省药品交易中心正式上线运行。

2013年12月，广东金融资产交易中心正式开业运营。

2014年12月，广州知识产权交易中心成立。

2015年9月，广州钻石交易中心成立。

2016年2月，广东省珠宝玉石交易中心成立。

2017年1月，省产权交易集团整体上市股改方案获批，在全国同行业中率先启动推进整体上市工作。

2017年5月，省产权交易集团推动全省产权市场整合实现历史性突破，组建广东联合产权交易中心作为全省统一的产权交易平台。

2018年5月，省产权交易集团被确定为广东省属一级企业股份制改革试点。

2018年8月，省产权交易集团被纳入国家“双百行动”企业名单。

2018年9月，省产权交易集团正式更名为省交易控股集团。广东省广交资源集团、广东省广交金服集团、广东广交数信服务有限公司、广东经济杂志社有限公司正式授牌。

（袁佩如）

## 生于濠江畔，扎根香山澳

# 南粤集团将构筑粤澳深度合作新高地



从清晨的第一口食物开始，澳门人民便与广东南粤集团有限公司（以下简称“南粤集团”）紧密相连。在珠澳跨境工业区澳门园区，大批优质的鲜活食品从南粤集团下属食水公司运营管理的批发市场出发，来到澳门人民的餐桌上，经年累月，成为南粤集团服务澳门重要民生的一份坚守。

生于濠江畔，扎根香山澳。1980年成立的南粤集团，是广东省第一批驻澳门窗口企业，集团及下属南粤食品水产有限公司等10多家主体企业，乘改革开放的东风，为澳门的民生事业发展、顺利回归和繁荣稳定做出了重要贡献。

澳门大学横琴校区、青茂口岸、粤澳基金……一个个粤澳合作的重大项目中，都不乏南粤集团的身影。如今，南粤集团已经形成了跨境金融服务与投资、粤澳重大基础设施建设运营和服务澳门社会民生事业等三大业务板块格局。

随着粤港澳大湾区建设的推进，粤澳合作迎来新的历史发展机遇。南粤集团作为广东省推动粤澳合作的重要抓手和促进澳门经济适度多元发展的重要力量，将通过创载体、聚资源、搭平台、建渠道、促融合，在基础设施建设、金融服务、环保合作、应急救灾、科技教育、青年发展、产业规划等方面积极探索，构筑起大湾区粤澳深度合作的新高地。

## “涅槃重生”做粤澳合作中坚力量

东风激荡，春满濠江。

在改革开放的浪潮中，1980年，南粤集团的前身——南粤贸易有限公司在澳门成立。1987年，南粤（集团）有限公司在澳门正式成立，由广东省政府全资拥有，成为广东省各进出口公司和经济企业在澳门的业务总代理。

凭借窗口企业的进出口优势，南粤集团迅速发展壮大。至1995年，南粤集团拥有14家全资子公司、9家联营企业和一批合资合营企业，在广东省内设有办事处，在香港、法国、德国及澳大利亚设有分支机构，并负责协调广东省驻澳门的71家企业，一时风光无限。

□ 南粤集团在澳门科技大学举办粤港澳大湾区发展论坛

然而，随着改革开放的深入，国家对进出口权逐步放开，南粤集团的窗口效应开始日渐式微，再加上亚洲金融风暴的冲击，1998年，南粤集团重组并入粤海集团。

此后，经历10年蛰伏，南粤集团迎来“涅槃重生”。2009年2月，为贯彻落实中央政府促进澳门经济适度多元发展的要求，推动粤澳合作持续深入发展，广东省人民政府在重组省属驻澳优质企业的基础上，组建了广东南粤集团有限公司，注册地址位于广州，营运总部设在澳门。“重整行装再出发，南粤集团对企业做了一个新的定位——做粤澳合作的中坚力量。”南粤集团总经理赵卫回忆道。

## ➔实现粤澳大型跨境项目“零”的突破

栽下梧桐树，引来金凤凰。2009年南粤集团新一轮重组后，便马上被委以建设澳门大学横琴校区的重任。

澳门大学横琴校区采用粤澳合作模式进行开发建设，由南粤集团承担

□ 南粤集团属下的澳门华人银行

建设和管理任务，建设期间按照内地法律对新校区实施管理，建成后由澳门特区政府对新校区实施管辖。

跨境施工、两地标准、双重法律、多方协调是粤澳合作项目的共性，而澳门大学横琴校区的示范意义也正在于此。作为粤澳首个大型跨境项目，澳门大学横琴校区在合作模式、管理体制等方面尚无先例可循。

“因为标准高、工期紧、规模大，在实施的过程中我们确实面临着很严峻的考验。这个项目之所以成功，主要是得益于粤、澳两地深化合作开放、包容和创新。”南粤集团副总经理叶少坤如是说道。

澳门大学横琴校区的海底隧道，是澳大师生出入澳门的唯一通道。这条短短1750米的隧道，正是粤澳合作包容和创新的缩影。

叶少坤回忆说，为加快工程进度，在中央政府和相关部门支持下，建设期将隧道施工分为两个施工区域进行管理，即澳门段按照澳门法律及澳门惯例进行管理，海中段和横琴段按照内地法律进行管理。“特别是按照国内法律进行管理的施工区域，海关、海事边检、边防等部门按照特事特办的原则，制定了临时性特别监管措施，既有效避免偷渡、走私等违法行为的发生，又能够最大限度满足施工的需要。”

94万平方米，15个组团建筑，60栋单体建筑，交叉施工，跨越边境……如此规模庞大、跨境施工复杂的大工程，南粤集团仅花了三年的工期。2012年，在珠海横琴岛的荒滩上，崭新的澳门大学横琴新校区拔地而起。

如今，珠海拱北口岸已经成为中国乃至亚洲地区最大的陆路通关口岸，日均客流量达35万人次，迫切需要新的通关通道来有效纾解拱北口岸人流压力，解决通关难题。在拱北口岸旁边，由南粤集团承建的另一个粤澳大型跨境项目——青茂口岸正紧锣密鼓地开展建设，计划于2019年建成，为澳门回归祖国20周年献礼。

“有了澳门大学横琴校区的成功经验，我们对于青茂口岸的建设信心十足。”赵卫介绍，青茂口岸为仅供行人通行的全天候24小时电子自助专用口岸，采用“合作查验，一次放行”的通关模式，将成为促进粤港澳共建优质生活圈的“黄金通道”。

## ➔发挥粤港澳大湾区建设“生力军”作用

改革开放的浪潮，奔腾不息。

南粤集团，因改革开放而生，因改革开放而兴，也必须依靠改革开放赢得未来。粤港澳大湾区的建设，成为改革开放的“二次创业”，南粤集团也迎来了扑面而来的新机遇。

2018年1月，在澳门中联办的指示下，南粤集团牵头成立了澳门中企协粤港澳大湾区发展委员会，为大湾区建设聚拢驻澳中资企业优势资源，形成强大合力。2018年5月，由南粤集团策划发起并积极推动的广东粤澳合作发展基金在广州举行签约仪式，正式投入运作，为粤澳合作开创了新的合作模式、丰富了合作内容、深化了合作层次，成为粤、澳两地合作参与粤港澳大湾区建设的一个重要切入点。

“推动金融市场开放创新，助力澳门特色金融发展，这是南粤集团参与大湾区建设的特色和亮点。”赵卫介绍。

南粤集团旗下极易付电子钱包项目为澳门搭建一站式跨境支付平台，引领澳门电子支付新潮流。南粤集团旗下的澳门华人银行联合香港创兴银行、广东华兴银行计划在产品研发、投资银行、理财、融资与担保等方面深入合作，创新粤、港、澳三地法人银行跨境金融服务，助力服务大湾区实体经济。未来，南粤集团还将在澳门成立金融租赁公司，为国内企业拓宽境外融资渠道，助力澳门特区政府将融资租赁业务培育成为澳门的特色金融产业。

此外，南粤集团将推出针对澳门青年的系列免费教育培训活动，内容涵盖大湾区规划、跨境金融、区块链技术培训等主题，为澳门青年在大湾区的发展创造机遇。同时，南粤集团计划设立粤澳青年梦工场，定期举办澳门青年创业大赛以及澳门青年创新创业发展论坛，为澳门具备创新能力和创业梦想的青年提供优惠政策和服务措施。

蓝图绘就，奋进当时。“南粤集团作为诞生于澳门、根植于粤港澳大湾区的广东省属企业，‘勇于改革，敢于创新’的精神特质已经内化于心、外化于行。站在新征程上的南粤集团，将全面贯彻党的十九大精神，

□ 由南粤集团运营的澳门新批发市场

以习近平新时代中国特色社会主义思想为指导，深入贯彻习近平总书记视察广东重要讲话精神，以深化粤澳合作为中心，以服务澳门社会民生发展和促进澳门经济适度多元发展为己任，以打造跨境综合性金融集团和大型城市综合运营商为目标，以闻鸡起舞、昼夜兼程、夙夜在公的奋斗姿态，积极投身‘一带一路’和粤港澳大湾区建设事业，为推动澳门融入国家发展大局和我省实现‘四个走在全国前列’、当好‘两个重要窗口’做出新的更大贡献。”展望未来，南粤集团董事长周兴挺充满信心。

## 【穿越40年】

1980年，南粤集团的前身——南粤贸易有限公司在澳门成立。

1987年，南粤（集团）有限公司在澳门正式成立，由广东省政府全资拥有，成为广东省各进出口公司和经济企业在澳门的业务总代理。

1998年，南粤集团重组并入粤海集团。

2009年，广东省政府对南粤集团进行了重组，成立了广东南粤集团有限公司。

2009年，南粤集团承建澳门大学横琴校区，这是粤澳首个大型跨境合作项目。

2015年，南粤集团控股收购了澳门华人银行，并以澳门华人银行为支点，积极拓展跨境金融业务。

2018年1月，按照澳门中联办的指示，南粤集团牵头成立了中企协粤港澳大湾区发展委员会，将以落实粤港澳大湾区发展战略为契机，在澳门经济社会事务和大湾区建设中发挥更大作用。

2018年3月，南粤集团承建的粤澳新通道（青茂口岸）主体工程正式动工，未来将实施“合作查验，一次放行”的通关模式，有效纾解关闸—拱北口岸的通关人流压力。

2018年5月，由南粤集团策划发起并积极推动的广东粤澳合作发展基金项目签约并正式投入运作，这是大湾区粤澳合作的首个突破。

2018年8月，由南粤集团承办的澳门中企协粤港澳大湾区发展委员会重点项目发布会在澳门举行，向社会各界推介了粤澳合作基金、澳门废旧汽车跨区处置以及澳门第三方支付等10个专委会重点项目。

（袁佩如）

## 全国最大省级交通集团

# 数数广东省交通集团在改革开放创下的“第一”

“五岭北来峰在地，九州南尽水浮天。”古人用这两句诗生动地写出了广东的地理风貌，水系发达、渡口众多、港汊交错……改革开放之初尽得风气之先的广东，却因交通的滞后严重掣肘经济的腾飞。

“想要富，先修路”成为全省上下的共识。

正是广东省属国企航母——广东省交通集团，通过开创一个个交通行业“第一”，为广东经济社会挺起发展脊梁，为改革开放打开新的局面。

1989年8月8日广佛高速正式通车，成为广东首条、国内第二条通车的高速公路。

1996年通车的佛开高速，成为广东首次利用世界银行贷款和按FIDIC条款管理而建设的大型交通基础设施项目。

1997年7月1日广深高速正式通车，成为广东第一条中外合作的高速

1987年9月8日，广佛高速公路施工现场

公路。

1997年7月1日虎门大桥正式通车，成为中国自行设计建造的第一座特大型大跨径钢箱梁悬索桥。

2003年通车的开阳高速是第一个进入广东省建设工程交易中心进行招标的公路项目，被誉为“阳光之路”。

2003年建成通车的京珠北高速，当时曾被称为“中国最具挑战性高速公路”。

2014年通车的乐广高速，创下全国通车线路最长高速公路的纪录。

…………

迈入新时代，世界的目光再次投向珠三角交通建设的主战场。深中通道沉管隧道开工、虎门二桥主桥全线贯通、莲花山通道2020年开工建设……来自广东省交通集团的捷报频传，为大湾区时代下广东的“二次创业”助跑，为构建“一核一带一区”区域发展格局助力。正如广东省交通集团党委书记、董事长邓小华所说：“在习近平新时代中国特色社会主义思想的指引下，坚持高质量发展，满足人们对美好生活的追求，这是广东省交通集团作为省属国企航母、大湾区基础设施龙头企业的责任和使命。”

## ➔敢为人先的精神源远流长

2018年6月28日，广东省交通集团迎来“成人礼”。18年前广东省交通集团的组建，是改革开放广东交通行业深化“政企分开”的生动实践和成功范例。

2000年，广东省委、省政府决定对全省交通行业管理体制进行改革，实行政企分开、政资分离。省交通厅原直属管理的86家企业和实行企业化管理的事业单位与交通厅脱钩，和省铁路集团公司以及省人大常委会办公厅脱钩的企业合并，组建广东省交通集团有限公司。

“虽然组建至今只有18年，但广东省交通集团敢为人先的精神可以追溯到90多年前岐关公司创立时。”集团党委副书记、总经理刘晓华介绍。以郑芷湘先生为代表的一批有识之士，为改善粤澳民众出行之不便，在1927年9月21日创立了岐关公司，成为当时全国唯一被“奉准永久专利权”的民办筑路公司。从此，“岐关车”“岐关路”彻底改变了粤、澳两地居民的出行方式，也成为港澳同胞、海外侨胞联结祖国大陆的桥梁和纽带。

岐关人开放的胸襟和创新的精神，铸就了一家“百年老店”，也被广东省交通集团一直延续下来。

改革开放之初，“想要富，先修路”成为广东全省上下的共识，但是是否修建高速公路、如何修建高速公路、建设什么样的高速公路，考验着广东交通人的决心和智慧。

刘晓华介绍，以国内第一条中外合作高速公路广深高速为例，合同是1981年与香港合和集团签订的，1987年第一次动土，1992年试运行，正式开通则是1997年的事情了。其间，广深高速解决了外汇兑换、车道设置、利益分配、抵押权益等争议，以敢为人先的精神铸就了这条“珠三角黄金通道”。

广深高速创立了一个母本，示范了华夏大地，为我国中外合作建设高速公路积累了重要经验。

其后，在改革开放的强劲东风下，广东省交通集团逢山开路、遇水架桥，在全省密织高速公路网路，为经济发展发挥“先行官”作用。先后建成了虎门大桥、佛开高速、开阳高速、京珠北高速等众多国际国内技术、管理领先的项目。同时，坚持“绿水青山就是金山银山”绿色生态发展之路，大力建设人文交通、绿色交通，广佛肇高速公路、惠清高速公路绿色低碳工程建设获交通部肯定。

截至2017年年底，广东高速公路通车总里程达8338公里，由广东省交通集团建设和运营的总里程超过70%，切切实实地发挥了全省高速公路建设主力军的作用。

## 首单重组探索国企改革新路

在加快高速公路建设的同时，省交通集团作为湾区时代的广东国企，敢于向自己动刀，勇于探索改革新路，积极推动战略性重组落地，为集团改革发展寻找内生动力。

2017年10月，经省委、省政府批准，新一轮省属国企重组的“首单”正式落地：省属高速公路板块企业实现“三合一”，即以广东省交通集团为主体，整合广东联合电子服务股份有限公司和广东省南粤交通投资建设有限公司。

广东省交通集团的重组，吹响了新一轮省属企业改革的“冲锋号”，极大提升其他板块重组整合的“加速度”，从而带动整个省属企业的大调整、大变革、大发展。

重组后的广东省交通集团踏上新的征程，运营的高速公路里程达6168公里，管理的总资产超过5000亿元，资产规模和运营的高速公路里程在全国省属交通企业继续排名第一。

“重组不仅仅是简单的规模变大，而是将资源向优势企业和主业企业集中，进一步做强做优做大。”刘晓华介绍，经过将近一年的融合，重组后的广东省交通集团已开展多项业务协同，发挥了“1+1＞2”的效应。接下来，广东省交通集团将按照企业改革发展的总体目标和需求，通过经营

□ 2010年12月，京珠北高速公路员工帮助受困车辆

管理、制度建设、党建工作等方面的融合，在服务网络化、产业链协同、经济规模、社会品牌、市场竞争及转型空间六大方面实现更大效益，推动企业高质量发展。

## 助力构建“一核一带一区”

广东交通过去40年来快速发展靠的是改革开放，今后要开创新局面，最根本的还是靠改革开放。

站在新的历史起点上，2018年召开的中国共产党广东省第十二届委员会第四次全体会议指出，广东要以构建“一核一带一区”区域发展格局为重点，加快推动区域协调发展。

交通是区域功能布局的先导。“我们将围绕‘一核一带一区’区域发展格局，在促进均衡通达基础上差异化布局交通基础设施。”刘晓华说。

一方面，积极发挥粤港澳大湾区基础设施龙头企业的优势，以虎门二桥、深中通道为抓手，加快珠江口跨江通道的建设，推动珠三角核心区优化发展和大湾区建设。另一方面，在提升粤东西北对外通达能力和联系水平上，2018年，广东省交通集团将再通车6个项目551公里高速公路，未来三至五年，将实现运营高速公路总里程超过8000公里的目标。

此外，广东交通集团将充分利用路网资源归集、规模化管理优势，进一步延伸与高速公路产业相关的服务区综合开发、智慧交通、现代物流、类金融等相关业务，有效提高集团在行业的领先地位并引领行业发展，致力于实现社会责任和企业经营的融合，成为负责任、敢担当的国有企业集团，为建设交通强国做出新的更大的贡献。

## 【穿越40年】

1981年8月，广东省公路建设公司与澳门南联公司签订《关于贷款建设广珠公路四座大桥协议》，在中国开了引进外资兴建交通基础设施和贷款修路的先河。

1996年，“粤高速”发行上市了境内上市外资股（B股），被境内外媒体誉为“高速公路第一股”。

2000年6月28日，广东省交通集团有限公司正式挂牌运作。

2004年，广云、阳茂、茂湛二期、广清北四条高速公路正式通车，广东提前一年实现省会城市到地级市通高速公路的目标。

2005年，粤赣、渝湛和西部沿海珠海段高速公路同时建成通车。至此，广东规划建设的15条出省高速公路全部建成。

2013年，虎门二桥开工建设，其中坭洲水道桥建成后将是世界上跨径最大的钢箱梁悬索桥。

2016年，广东省交通集团属下长大公司成功吊装港珠澳大桥钢塔，书写下“世纪工程”中的广东身影。

2016年，深中通道开工，将建世界桥面最高的海中超大跨径悬索桥、世界最宽的钢壳混凝土沉管隧道和世界首例双向8车道海底隧道及水下枢纽互通立交组合。

2017年，新一轮省属国企重组的“首单”正式落地，以广东省交通集团为主体，整合广东联合电子服务股份有限公司和广东省南粤交通投资建设有限公司。

（袁佩如　李赫）

从“手无寸铁”到四通八达

# 广东省铁投集团 用铁轨连接粤港澳大湾区城市群

2018年9月23日，广深港高铁香港段正式运营，香港由此纳入国家高铁网络，从广州到香港从原来的100分钟缩短至48分钟。这只是广东铁路网建设的一部分，武广高铁、广珠城际、莞惠城际、江湛铁路……一条条铁路将城市拉得更近，而多条铁路背后，都有来自广东省铁路建设投资集团的力量。

现代化的经济体系离不开现代化的交通运输方式。广东铁投集团成立以来，紧紧围绕铁路建设，通过省部共建或自主建设、改革铁路投资模式等一系列举措，推动广东铁路网快速搭建。经过13年的发展，广东铁路运营规模从集团成立前的1800公里，到现在的4500多公里。

未来，广东省铁投集团将立足粤港澳大湾区，规划广东铁路新一轮的发展，希望用轨道交通将粤港澳大湾区内的城市串联起来，湾区内主要城市之间实现半小时经济圈。

## ➔建设模式改革，从“手无寸铁”到四通八达

“改革开放前，广东人均铁路里程不到3厘米，可以说是‘手无寸铁’。”回顾广东铁路历史，广东省铁投集团党委书记、董事长朱耀忠说，广东铁路的大发展从2004年铁路建设模式改革后开始。

此前铁路建设主要依靠国家投资，为发展地方经济，各地对铁路的需求强烈，地方政府纷纷到原铁道部争取在本地多建铁路，供需矛盾突出。另一方面，改革开放后，广东经济快速发展，外来人口剧增，省内铁路网规模已无法满足出行需要，严重制约全省经济发展。

面临诸多困境，转机出现在2004年10月，原铁道部和广东省签署《关于加快广东铁路建设有关问题的会谈纪要》，广东省成为全国率先和原铁道部合作的省份之一，明确了部省合作的创新方式，由中央财政和广东财政共同出资，通过地方投资配套中央投资，以加快广东境内的铁路建设。

“在部省合作的背景下，广东省要出一部分资金，包括筹资、股权管理、建设管理等，需要一个平台承担这些职能。”朱耀忠介绍说，这个平台就是2005年6月省政府成立的广东省铁路建设投资集团有限公司。铁投集团代表省政府持有并经营广东省境内由省政府投资的干线铁路、城际铁路及其他轨道交通以及相关国有资产，对省内规划修建的铁路、城际及其他轨道交通进行融资、投资、建设及管理。

单一依靠中央财政修铁路的模式被打破，以省铁投集团为平台，广东铁路建设迎来第一轮高潮。

武广高铁、广深港高铁、南广铁路、贵广铁路、厦深铁路等，多条重要的省内、出省铁路在这之后陆续建成。从省铁投集团成立以来至2018年7月1日江湛铁路开通，全省铁路规模已从原运营里程1800公里，占全国铁路总里程比例不到3%，铁路覆盖密度不足全国平均水平的50%，发展到拥有运营里程超过4500公里，其中，高快速铁路近1800公里，居全国前列。全省21个地级以上市均通铁路，19个市通高快速铁路，出省铁路通道

从5个增加到13个。“现在可以说是‘四通八达’了。”朱耀忠感慨道。

## 投融资模式改革，引入社会资本激活铁路建设

“火车一响，黄金万两”，修建铁路的重要性已成为共识，但修建铁路的资金却一直成为困扰各方的问题。如何解决铁路投资相对单一的问题，经过多年实践，省铁投集团提出“以铁路养铁路”、引入社会资本的方式，进一步变革传统的铁路投资模式。

“准公共产品的一个显著特点就是效益外部化，谁都承认铁路建设给地方经济社会带来明显效益，但铁路项目自身却多数是亏损的。”朱耀忠说，以前修铁路更多的只是考虑地方社会经济的发展，随着铁路建设规模的扩大以及技术要求的不断升级，投资规模越来越大，如果仍完全不考虑铁路自身的经济效益，最后只能导致铁路发展不可持续，进而影响公共服务的可持续性。

要解决这一问题，必须建立一种综合的回报模式。如何建立回报模式？省铁投集团通过研究全球公认的唯一赚钱的香港地铁发现，盈利的关键是将土地增值的部分效益内部化。在当前的国企改革中，提出准公共性企业要建立“项目+资源”的模式。“具体到铁路来说，我觉得就是要建立‘项目+土地’的模式。”朱耀忠说，就是要通过铁路建设，带动土地升值，升值的小部分内化为铁路项目的收益，从而建立一种综合的回报模式。

事实上，这项工作广东已经走在全国前列。早在2012年，广东省政府就已出台关于支持城际铁路土地开发的意见，并已经在珠三角地区实施。2018年8月，省政府出台《关于支持铁路建设土地综合开发的若干政策措施意见》，明确今后铁路与站场周边的土地进行捆绑，实施土地综合开发，“这是国际上的TOD发展模式，就是把居住、就业、产业通过铁路联系起来。”朱耀忠说，这一发展理念能兼顾社会效益和铁路自身经济效益。

解决铁路投融资难的问题，最根本的出路还是引入社会资本。建立综合回报模式的根本目的是吸引社会资本，一方面解决了我们铁路需求旺盛与资金不足的问题，另一方面利用社会资本、私有经济，在管理上、在服

□ 广深港高铁广州南站开通首日首发车上，旅客自拍留影

务上具备优势。

对于社会资本进入铁路，朱耀忠认为：“在构建改革开放新格局方面，就是要让铁路真正走向市场，让铁路投资向社会资本、民间资本开放，就是要勇于打破原有的‘玻璃门’，即使是自然垄断行业，它的一些环节也是可以放开进行竞争的。”省铁投在多年的改革实践中认识到，改革开放就是要放开投资，通过多元投资、多家主体的竞争，让老百姓享受竞争带来的收益和福利。

## ➔抓住新机遇，立足大湾区谋划新一轮发展

广东铁路新的发展机遇正在到来。“我们正在酝酿围绕粤港澳大湾区城际铁路规划的新一轮铁路发展高潮。”朱耀忠说，当前大湾区正推动广东铁路建设进入第二轮大发展，未来省铁投将参与推进湾区城际铁路建设。

未来，粤港澳大湾区作为一个区域的经济增长极，作为联系粤、港、澳三地甚至辐射周边地区的经济区域，选择什么样的交通运输方式？无疑是轨道交通。省铁投对标东京湾区、纽约湾区、旧金山湾区发现，粤港澳大湾区的铁路里程规模不小，但就铁路整体发展水平而言，如路网密度、

人均里程，尤其是铁路客运的市场份额远低于三大湾区，这些意味着巨大的发展潜力。

未来的粤港澳大湾区就是轨道上的大湾区，高铁、城铁、地铁这些轨道交通将大湾区紧密联系。省铁投集团已积极参与粤港澳大湾区城际铁路建设规划，该规划与国家干线铁路、城市轨道交通实现一体化发展，拓展城市群空间布局、发挥都市圈和经济特区功能作用。具体来说，就是要着重解决珠三角和香港、澳门城际通道的互联互通，引导城市群发展，破解交通障碍，实现一体化发展。

如何实现这一目标？省铁投集团以“外拓通道，内筑网络”的思路进行整体规划，就是要通过完善城际铁路、高速铁路，让这三极既加强内部联系，又能带动周边次中心城市发展。

在大湾区内部，结合经济区位，划分为三个极：第一是广佛经济圈，第二是深圳、香港，第三是珠海、澳门加上中山、江门。“内筑网络”就是加快湾区各个极与相关城市之间轨道交通的联系。而“外拓通道”则是站在全国角度规划，即发挥湾区对粤东西北，乃至周边省份的带动和辐射作用，近期将集中资源，全力推动广（州）湛（江）高铁、广（州）汕（头）汕（尾）高铁的建设，打通沿海经济带的高铁通道。

“为铁路而生，为铁路而活，是我们的核心使命和价值所在。”朱耀

广深港高铁于2018年9月23日开通

忠表示，未来省铁投集团将努力实现多种轨道的高效衔接，希望大湾区主要城市内部之间实现半小时经济圈。

## 【大事记】

2005年3月，省政府十届59次常委会议决定，组建广东铁路建设投资集团有限公司，由广东省国资委直管。

2005年6月29日，广东省铁投集团挂牌成立。

2005年12月8日，广深港客运专线、广珠城际铁路、岑溪至茂名铁路同时开工。

2007年10月，集团与国家发展开发银行广东分行签署总额为100亿元的《开发性金融合作协议》。

2008年3月7日，广东省与原铁道部在北京就进一步加快广东铁路建设有关问题进行会谈，签订了《铁道部广东省人民政府关于进一步加快广东铁路建设有关问题的会议纪要》。

2009年11月，国家发改委正式批复同意《珠江三角洲地区城际轨道交通网规划（2009年修订）》。

2011年12月26日，广深港高铁广深段开通运营。

2012年1月，省政府印发《关于完善珠三角城际铁路轨道交通沿线综合开发机制意见》。

2015年4月10日，广佛肇城际肇庆大道特大桥最后一片梁架设完毕，标志着广佛肇城际项目全线顺利贯通。

2016年3月30日上午，广佛肇城际和莞惠城际常平东站至小金口站段正式开通运营。

2018年7月1日，江湛铁路开通运营。

2018年9月23日，广深港高铁全线开通运营。

（刘倩　张子俊）

## 连通全球的“翅膀”又升级

# 广东省机场集团走向世界一流

2018年9月16日，世界的目光再次聚焦广东，被誉为全球民航界“奥运会”和“世博会”的世界航线发展大会在广州举行。这一盛会对推进广州国际航空枢纽建设，促进广州空港航线网络发展，推动广东省国际交流合作，实现产业集聚加速、带动区域经济发展具有重要意义。

广东民航业发展的背后是广东省机场集团的不断改革进取。1997年开始股份制改造，2004年完成机场属地化改革，2005年完成白云机场股权分置改革，2010年开启省属省管体制改革，2013年4月18日公司正式更名为“广东省机场管理集团有限公司”……改革开放40年，从广州白云机场到广东省机场管理集团，一次次历史性的飞跃，与中国民航重大体制改革紧紧地联系在一起，深刻地印证着改革开放带给机场企业强劲的发展动力。各项运输生产实现快速增长，以机场集团的主体企业白云机场为例，到

2017年，白云机场全年共完成飞机起降46.53万架次，运送旅客约6584万人次，分别是2004年运输量的约2.55倍、3.23倍。

进入新时代，广东国企国资正紧锣密鼓加快改革步伐，改革再出发，广东省机场集团将向世界一流机场集团迈进。

## ➔简陋小机场向大型枢纽机场蝶变

2018年4月26日，白云机场2号航站楼和综合交通中心正式投入使用，一举成为日均旅客吞吐量达19万人次的大型枢纽机场，拥有两个航站楼后，预计2018年旅客吞吐量将达到7000万人次。

如今繁忙的白云机场已难以和几十年前的简陋小机场联系起来，这一步步的蝶变是如何发生的？答案是改革。

白云机场始建于20世纪30年代，改革开放以来，广州民航迎来新的发展机遇，白云机场成为中国内地最繁忙的机场。1977年至1990年，全国民航开辟了从白云机场始发或通往白云机场的航线共92条，占这一时期全国新航线总数的20%。1980年至1992年，白云机场的飞机起降架次居全国机场第一位。1986年至1992年，白云机场的旅客吞吐量居全国机场第一位。

随着广东经济社会的快速发展，客货运量压力激增。2004年8月5日，新老白云机场实现“一夜转场”，广州新白云国际机场建成投入使用，崭新的硬件设施使白云机场旅客吞吐量在当年一举突破2000万人次，跨入世界最繁忙机场行列。长期制约着白云机场向中枢机场发展的“瓶颈”开始逐步解决。此后，白云机场各项业务更是快速增长，迈入中枢机场的发展轨道。不仅白云机场，揭阳潮汕、湛江、梅县、惠州、韶关等广东机场集团所属机场新建、迁建、改扩建工程，也在加快推进之中。

“实际上，在白云机场一期启用之初，机场集团已预见到区域经济飞速发展带来的客货运量激增，将成为机场集团和白云机场面临的一大挑战。”机场集团党委书记、董事长张克俭指出，此后白云机场不断升级扩容，到2017年，旅客吞吐量已经超6500万，“白云机场从20世纪50年代仅有一条2000米长跑道、平均每天50余名旅客出入的简陋小机场，发展成为今天日均旅客吞吐量19万人次的大型枢纽机场，航线由中国走向亚洲，再走向世界”。

## →在改革中诞生，在改革中前行

以白云机场为代表的华丽转身，亦是机场集团大刀阔斧改革发展的缩影。广东省机场集团的诞生就是改革的成果。21世纪初，在全国民航体制机制加快推进改革的大背景下，国内机场属地化改革也在快速推进，民航直属机场陆续转让给地方政府管理、经营。

2004年2月25日，广东省机场管理集团公司在民航新一轮体制改革中宣告正式成立，民航总局将广州白云、汕头、湛江、梅县四个机场移交广东省政府管理，机场属地化改革完成。属地化改革将机场与地方经济发展紧密联系，为机场企业发展带来动力。

新生的机场集团没有停下改革步伐，积极建立现代企业制度，运用现代资本运作手段实现企业大规模融资。2005年，机场集团向白云机场股份

□ 白云机场T2航站楼2018年4月26日投入使用

公司移交60亿元资产，完成白云机场股权分置改革；同时发行10亿元企业债券，股份公司发行15亿元短期融资券，实现国有资产的保值增值。

“2010年，广东省机场集团的改革发展揭开了新篇章。”张克俭仍清晰地记得2010年9月10日下午，省机场集团在广州召开体制改革干部大会，宣布省属省管体制改革方案。

“省机场集团实行‘省属省管’体制，是一个新的管理体制的确立，是省机场集团在新的起点上实现新的发展机遇。”张克俭说。“省属省管”的体制改革有助于协调各方的关系，也有利于发挥白云机场航空枢纽的建设和辐射作用，理顺机场集团内部管理关系，提升经营管理水平。

2013年再次传来喜讯，4月18日广东省机场管理集团公司正式更名为“广东省机场管理集团有限公司”，机场集团公司制改制成功。此后，机场集团向完善法人治理结构、建立现代企业制度的公司制改革的更深层次推进。

“2018年年底，广东省要基本完成省属企业重组整合，机场集团将聚精会神做强做大主业，打造核心竞争力，加强组织领导，加快工作进度，

□ 白云机场

切实推动机场集团增量提质增效。”张克俭说。

## 用八年时间争创世界一流机场集团

改革再出发，再出发的方向在哪？机场集团给出的答案是：建成世界一流机场集团。

“广东省机场集团正处于高质量发展的最紧迫时期，我们提出‘争创世界一流机场集团’的奋斗目标。”张克俭说，要实现这一目标至少要在六个方面走在前列：一是一流的机场布局和航空产业集群，二是一流的航空枢纽和机场群，三是一流的安全服务品质和美誉度，四是一流的标准和管理成效，五是一流的创新思想和改革发展能力，六是一流的党组织和人才队伍。

“我们基本上把实现这一目标的时间定为2025年。”张克俭介绍说，为了实现这些愿景，机场集团制定出具体时间表，具体分为两个阶段实施。

第一阶段是2018年到2020年，成为“国内一流、国际先进”机场集团。用三年时间，全面展开全省“5+4”布局中的所有机场基础设施建设，其中白云机场国际航空枢纽基本打造成型，届时白云机场旅客吞吐量力争达到8000万人次，进入全球前10位；货邮吞吐量达到230万吨，预计进入全球前12位；国际航线达到180条，国际旅客占比在26%以上。

在2021年到2025年的第二阶段，基本成为“世界一流机场集团”。通过五年建设，全省“5+4”布局中的所有新建、迁建、改扩建机场全部按规划建成且投入使用，全省机场战略规划布局成型。其中白云机场国际航空枢纽打造成型，届时白云机场旅客吞吐量达到1亿人次、货邮吞吐量达到350万吨，力争同步进入全球前五位；国际航线达到220条，国际旅客占比在30%以上。

“机场行业是窗口中的窗口。”张克俭说，广东省机场集团将致力成为世界级航空枢纽的建设者和推进广东民航高质量发展的践行者，做大做强广东省机场业，推进广东民航高质量发展，为地区经济和国家民航事业发展做出积极贡献，助力广东省以新的更大作为开创工作新局面，实现“四个走在全国前列”奋斗目标。

## 【穿越40年】

1978—2018年，白云机场从拥有一座小航站楼和一条跑道，年旅客吞吐量约60多万人次的机场，发展成为拥有两座大型航站楼三条跑道、300多条国内外航线和年旅客量有望达7000万人次的国际航空枢纽。

1977—1990年，白云机场航线数占这一时期全国新航线总数的20%。1980—1992年，白云机场的飞机起降架次居全国机场第一位。1986年至1992年，白云机场的旅客吞吐量居全国机场第一位。

1997年8月，白云机场正式启动股份制改造。2003年4月14日，白云机场股份有限公司正式公开发行4亿A股。

2004年2月25日，广东省机场管理集团公司成立，广州白云、汕头（后为揭阳潮汕机场）、湛江、梅县四机场整合，形成枢纽和干支线综合机场体系。2004年8月5日，广州新白云国际机场建成并一夜转场成功，投入使用。

2010年9月10日，机场集团召开体制改革干部大会，宣布省属省管体制改革方案。

2012年8月3日，白云机场扩建工程（共7个项目）正式动工。2015年2月5日，白云机场第三跑道正式启用。2018年4月26日，白云机场2号航站楼和综合交通中心启用。白云机场二期扩建工程全部建成。

2013年4月18日，广东省机场管理集团公司正式更名为“广东省机场管理集团有限公司”。

2016年白云机场旅客吞吐量约为5973万人次，全球排名第15位。2017年白云机场旅客吞吐量约为6584万人次，位居全球第13位。2018年上半年，白云机场旅客吞吐量约为3423万人次，全球排名第11位。

2018年9月16—18日，由广东机场集团承办的2018年世界航线发展大会在广州成功举办。

2018年，省机场集团确立“加强党建争创世界一流机场集团”的发展战略，力争用八年时间分两个阶段基本实现“世界一流机场集团”目标，增量提质增效，推动广东民航高质量发展。

（刘倩）

## 这家最早试水“放电”的广东国企

# 粤电集团还创造了你所不知的“第一”

2001年8月8日，全国电力体制改革尚未正式拉开帷幕，广东省政府就在全国率先实行改革，将广东省电力集团分成广东省广电集团有限公司和广东省粤电资产经营有限公司。自此，翻开了广东电力史上崭新的一页，而粤电集团也登上了历史的舞台。

现代社会的发展离不开电力的发展，粤电集团在电力体制改革中率先诞生，此后积极进行体制机制改革，拥抱市场，实现飞速发展，也为广东经济社会发展提供坚实的电力供应保障。未来，粤电集团将继续调整能源结构，进行多元化布局，转型绿色环保、高质量发展。

□ 位于揭阳市惠来县靖海镇的惠来电厂，年发电量可达160亿千瓦时

## 全国首家因电力体制改革而生的发电企业

“2001年广东省拉开了‘厂网分开’电力体制改革的序幕，这在全国是第一例。”广东省粤电集团党委书记、董事长李灼贤清晰地记得当时的情景。

“广东一直以来是用电大省，20世纪90年代末期，广东电力需求不断攀升，用电负荷屡创高峰。电力相对紧张，给生产、生活带来诸多不便，而且广东的电价也长期居高不下。”李灼贤介绍说，面对这样较为严峻的形势，为了建立竞争、开放、公平的电力市场，广东敢为人先，做了“第一个吃螃蟹的人”，在全国电力体制改革还未正式拉开帷幕时，果断决定在全省范围内推行“厂网分开”的电力体制改革。

2001年8月，改革拉开帷幕，将2000年“政企分开”改革后诞生的广东省电力集团，再度拆分为广东省广电集团有限公司和广东省粤电资产经营有限公司，新组建的广东省广电集团有限公司主要负责经营电网和供电设施建设，广东省粤电资产经营有限公司则经营发电业务。自此，粤电集团在电力体制改革中诞生，分立后的粤电集团资产控股电厂的总装机容量约占全省的28%。

## 走做强做大跨越发展之路

改革并非一帆风顺，粤电诞生之初就遇到重大问题。

“‘卖厂建网’成为粤电成立之初的首要任务，一个‘卖’字，让多少人忧愁，甚至可以说是关乎生死存亡。”李灼贤说，关于粤电，当时流传“成立之时，也是消亡之日”的说法，因为一旦将优质电厂全部“卖”完，那些在电力行业摸爬滚打几十年的员工何去何从？究竟要不要卖电厂？一系列问题深深困扰着粤电人。

迷雾在2002年年初逐步被驱散。经过粤电集团党委多次研讨，最终确定了“立足广东、面向南方，以发电为主、相关产业协同发展”的战略发展方向。2003年，迷惘中的粤电再次迎来发展的春风，广东省委、省政府提出做强做大粤电的重要指示，当年5月，“广东省粤电资产经营有限公司”正式更名为“广东省粤电集团有限公司”。2004年，广东省又提出要将粤电打造成为具有千亿资产的“广东国企航母”。粤电的未来顿时豁然开朗。

2005年11月14日，以广东省粤电集团公司为母公司的由几十家子公司组成的企业集团——“广东省粤电集团”在工商局正式登记设立。自此，粤电集团的法律地位，由事实上的企业集团转升为经法律登记认证的企业集团，这为接下来成立的粤电财务公司、打造千亿资产“广东国企航母”，都奠定了必备的法律硬件。

历经十余年的发展，粤电集团的资产总额、装机容量、年发电量、年营业收入、人均劳动生产率相比2001年成立时增长近两倍。

## ➔率先启动“蓝天工程” 环保投入达百亿元

当前，广东正从能源消费大省向清洁能源消费强省转型，对环保要求更高。而其实早在十多年前，粤电集团就在推进节能减排。

“粤电集团成立后，深刻辨识社会经济发展趋势，毅然在国家很多政策没有明确的情况下，启动‘蓝天工程’脱硫工程。”李灼贤回忆说。21世纪初的燃煤机组均没有配套脱硫装置，因此加装脱硫装置面临着资金、征地、工艺、场所安排等诸多问题。尤其是资金问题，当时脱硫设备还须依赖进口，单台机组脱硫设备的投入高达1亿—2亿元，按当时国家政策，费用须由企业自筹，同时电价补贴政策也不明确。各火电厂因燃料大幅涨价而使利润大幅下降甚至亏损，但是，在这种情况下，粤电集团主动投入资金，主动承担起企业的社会责任，毅然全面推进以燃煤电厂烟气脱硫为主的“蓝天工程”建设。2008年，“蓝天工程”一期全面完成，粤电集团32台共计1187万千瓦燃煤机组全部投运脱硫装置，成为全国首家燃煤机组全面实现脱硫的发电集团。

随后，在全面完成“蓝天工程”一期脱硫工程的基础上，粤电集团继续投入数十亿元开展“蓝天工程”二期——共计47台2235万千瓦燃煤机组脱硝工程，并于2014年年底全面完成，实现了全集团燃煤机组脱硝全覆盖，大幅降低了系统电厂氮氧化物排放总量，各机组氮氧化物均按新标准达标排放。同时，粤电集团积极响应国家政府号召，大力推动燃煤机组超低排放改造工程，并于2017年年底全部完成省内常规燃煤机组超低排放改造。截至2017年年底，粤电集团累计共投入环保资金超100亿元。

## ➔成为广东首家实施产权多元化的省属企业

粤电集团作为改革洪流中的“弄潮儿”，在此后的发展中，以更加包容、积极的态度拥抱改革，再一次举起了产权多元化的旗帜。

2006年12月28日，广东省国资委与中国华能集团公司签订《关于广东省粤电集团有限公司股权转让协议》，中国华能集团公司受让广东省国资委代广东省人民政府持有公司的24%股权，公司由100%省属国有独资公司转变为广东省国资委实际控制76%股权、华能集团持有其余24%股权的国有控股有限责任公司。自此粤电集团成为广东省第一家在集团母公司层面实施产权多元化的省属企业。

“华能参股粤电，是推进大型国有企业股份制改造、深化国有企业改革精神的具体体现。”李灼贤说，这次中央企业与广东省属企业之间的战略合作具有代表性，有力推动了广东省经济布局和结构的战略性调整。

另外，这次参股也为粤电集团建立现代企业制度、完善产权制度提供了契机。华能参股后，加入公司治理“三会一层”（即股东会、董事会、监事会和经营层）运作，对公司治理运作的质量提出更高要求。经过多年实践和不断完善，粤电集团治理运作已形成权责分工明确、运作科学高效、监督制衡有力的良好局面。

## ➔打造国内一流并具有国际竞争力的绿色能源集团

改革并未就此止步，2014年8月，广东省委、省政府出台《关于全面深化国有企业改革的意见》，揭开国有企业进一步深化改革工作的帷幕。

粤电集团积极参与推进改革进程，下属阳江港务公司、广东风电公司、粤电贵州公司、开发公司等四家企业先后被列入体制机制创新试点企业。四家企业着力解决制约发展的深层次障碍，构建面向市场经营和发展、授权管理与激励约束相一致的体制机制。其中，阳江港务公司通过引进战略投资者，推行员工持股计划，完成股份制改制，全面规范公司治理，积极开拓市场，努力提升效益，于2017年12月成功挂牌新三板。广东风电公司通过强化现代化企业管理，创新管控模式，实现新能源产业的快速跨越式发展，累计完成上网电量20.2亿千瓦时。

在全面提速发展的同时，粤电集团也一直积极参与电力市场化改革。2015年3月15日，中共中央、国务院《关于进一步深化电力体制改革的若干意见》揭开新一轮深化电力体制改革的序幕。2015年，粤电集团成立广东首家售电公司，市场交易规模持续扩大，目前已形成年度双边交易、年度合约电量集中交易、月度集中竞价交易、月度发电权转让交易及调频辅助服务市场的多交易品种格局。截至2018年8月，粤电集团市场化交易电量累计953.1亿千瓦时，累计为社会降低用电成本47.4亿元。

李灼贤介绍说，未来粤电集团将持续加大转型升级力度，优化电源结构，坚持走绿色发展之路，不断加快气电、风电以及光伏发电等清洁能源发电项目的开发建设力度，提升集团清洁能源占比。具体来说，作为省内海上风电开发主体，加快推进湛江外罗、阳江沙扒和珠海金湾海上风电项目建设以及湛江外罗二期、新寮等后续海上风电项目前期工作。同时，继续储备开发陆上风电、光伏和抽水蓄能电站项目。此外也有序开发天然气发电、优化调整煤电。

“十三五”期间，粤电集团计划新增清洁能源发电装机约900万千瓦，清洁能源发电项目总投资合计超过500亿元，预计至“十三五”期末，粤电集团清洁能源发电装机占比将达到34%。“粤电集团一直以能源为核心，相关产业协同发展，立足广东、面向全国、开拓国际市场，争取打造国内一流并具有国际竞争力的绿色能源集团。”李灼贤说。

## 【奋进17年】

自2001年成立至今，粤电集团实现了装机规模从872.4万千瓦到3000万千瓦、年发电量从522.86亿千瓦时到1191.57亿千瓦时、资产总额从411.59亿元到1380亿元、营业收入从148亿元到超430亿元的跨越式发展，连续15年获得广东省省属企业经营业绩考核“优秀”，并逐步形成了以发电为核心产业，天然气、港口、金融业等多元化产业协同发展的新格局。

2003年，广东省委、省政府提出做强做大粤电的重要指示，当年5月，粤电正式更名为“广东省粤电集团有限公司”。2004年，广东省委、省政府又提出要将粤电打造成为具有千亿资产的“广东国企航母”。

2006年12月28日，广东省国资委与中国华能集团签署了粤电集团股权转让协议。根据协议，省国资委通过协议转让方式，将粤电集团24%的股权以100.32亿元的价格转让给华能集团。自此粤电集团成为广东省第一家在集团母公司层面实施产权多元化的省属企业。

2008年12月，粤电集团历时六年、专项投资高达26亿的“蓝天工程”脱硫计划已全面完成，将为广东省每年减排二氧化硫28万吨。该计划的完成，标志着粤电集团成为全国第一家属下机组全部实现脱硫的特大型发电集团。

2010年，为确保完成广州亚运会、亚残运会的保电任务，粤电集团制订了周密的保电计划，在各级人员的共同努力下，通过采取合理安排机组检修、及时主动地消除机组缺陷、开展各类应急演练等多措并举，圆满地完成了亚运保电任务，得到国家电监会、广东省政府的肯定，并获得了由国家电监会颁发的“亚运保电突出贡献奖”及“亚运保电先进单位奖”两项殊荣。

2013年，广东电力发展股份有限公司（简称“粤电力”）在成分股检讨中被纳入恒生A股500强指数，并于9月9日起生效，流通系数（FAF）为20%。粤电力作为粤电集团发电业务板块的核心企业和唯一的上市公司，粤电集团通过资产注入等方式逐步提升粤电力的装机规模、盈利水平和可持续发展能力，为实现集团发展战略迈出了重要的一步。

2014年，粤电集团“蓝天工程”二期工程全面完成。集团所属16家燃煤电厂、47台燃煤机组、2235万千瓦装机容量的脱硝工程全部建成投运，累计脱硝覆盖率达100%，氮氧化物年排放总量较2010年减少约80%，年平均氮氧化物排放绩效为0.35克/千瓦时，远低于2013年全国1.98克/千瓦时的平均水平。粤电再一次以实际行动诠释了“用心创造绿色能源”的企业发展理念，为广东的节能减排工作做出了应有的贡献。

2017年3月16日，粤电集团约旦油页岩矿电联营项目实现融资关闭，正式进入投资实施阶段。这是粤电积极践行“一带一路”倡议、坚定推进国际化发展战略背景下首个直接参与投资、建设以及后续运营管理的海外电源项目。该项目将于2020年建成投产，年供电量达37亿千瓦时，将满足约旦10%—15%的用电需求，为约旦提供4000个就业机会。

2017年6月，广东省天然气管网有限公司重组成功（粤电集团控股），成为全国第一家由国家三大石油公司参与、省属企业控股的省级天然气管网公司，为粤电打造资源采购—LNG接收—管线输送及市场销售的中下游产业链、加快省内天然气主干网建设、实现“十三五”期间基本建成通达全省21个地级以上市的天然气主干管网、优化全省能源结构、打造绿色广东目标奠定基础。

2017年年底，粤电集团全面完成广东省内燃煤机组超低排放改造工程，二氧化硫、氮氧化物、烟尘等污染物排放指标均优于国家排放标准。同时启动了粤电集团“碧水工程”，计划在“十三五”期内实现火电厂废水“零排放”。

2018年9月5日，广东省政府、惠州市政府、粤电集团分别与埃克森美孚公司代表签署了战略合作框架协议、化工综合体项目初步投资协议和惠州LNG接收站项目共同合作备忘录。本次签约开启了粤电集团与埃克森美孚公司在天然气领域建立全产业链的长期战略合作，为双方进一步深化合作奠定了坚实的基础。

（刘倩）

## 这家最早恢复粤港水上航线的国企

# 广东省航运集团将筑起大湾区“水上一小时生活圈”





羊城之夜，华灯璀璨，当蓝海豚游船畅行珠江之上，来自世界各地的客人无不惊叹于改革开放的沧桑巨变。

春风助航，飞舟破浪。广东省航运集团有限公司（以下简称“省航运集团”），作为我省航运事业从无到有、从弱到强的见证者、亲历者和主导者，实际上就是改革开放作为实现中华民族伟大复兴关键一招的实践范本。

1980年，省航运集团正式复航中断30年之久的广州至香港航线，粤港澳的水上联系从此日益紧密，历久弥新。进入新时代，省航运集团在大湾区拥有内河港口21个，航线达24条，逐渐建立起粤港澳大湾区“水上一小时生活圈”。

如今，省航运集团已经建立起立足粤港澳大湾区，联动新加坡、泰国等东南亚国家，辐射挪威等国际航运国家的业务网络，跻身全球最大水路高速客运服务商、粤港澳地区最大的内河港口物流运营商。

改革开放不停步，新时代下再出发。省航运集团党委书记、董事长杨显昌表示：“勇当新时代‘二次创业’的尖兵，我们将着力打造高质量发展的一流港航企业，做全球最大的水上客运集团。”

## ➔以航兴城，航城互动

组建于1997年的省航运集团，历史则可追溯到改革开放以前。1962年，其所属珠江船务公司（英文简称CKS）在香港成立，作为香港首批发展现代水上运输的企业之一，数十年来CKS品牌深入香港民心。

1980年，改革开放在广东率先起航，有着良好粤港水运基础的省航运集团，迅速恢复了中断30年之久的广州至香港水上客运航线。“坐豪华大客轮‘星湖号’从大沙头码头出发，睡一觉就能到香港。”这样的经历，成为不少“老广”的珍贵回忆。

1983—1999年间，随着业务迅速扩张，省航运集团建立起覆盖广州、深圳、珠海、中山、江门、顺德等多个一类跨境客运口岸，开通了24条粤港水路高速客运航线，为珠三角的经济繁荣和快速发展注入了强大动力。

□ 广东蓝海豚公司为杭州钱航游船公司打造的古代特色豪华游船

一扇扇大门打开，重新激活了广州这座窗口城市的开放基因。20世纪90年代末，广州市率先开展“珠江日夜游”水上观光项目，省航运集团所属蓝海豚公司成为首批参与的企业。“一船明月江中影，十里花街岸上灯”，蓝海豚以20多年的专注，向世界展现广东改革开放的风采和魅力。

在杨显昌看来，省航运集团的快速发展，得益于“以航兴城，航城互动”：“广东依水而生、向海而兴，省航运集团得风气之先，也以自身的发展壮大反哺于广东的进一步改革开放。”

## ➔创新兴航，人才为先

没有一蹴而就的成功，也没有一劳永逸的成就。创造了光辉岁月的省航运集团，如今仍在深水区中流击水，在攻坚期迎难而上。“唯创新者进，唯创新者强。面对国际航运市场的挑战，省航运集团变压力为动力、危机中找转机，大力拓展新产品和新业务，打出了创新求变的‘组合拳’。”杨显昌表示。

开放提实力。2018年2月，由省航运集团所属新船重工制造的国内第一艘碳纤维高速客轮“金珠湖”号，正式投入粤港水路客运市场营运，开启了水路客运全新体验的新征程。2016年，省航运集团迈出了国际并购的步伐，以投资入股形式收购挪威BAA船厂40.68%股权，成功引入国际领先的碳纤维材料造船技术，填补了国内空白。

释放出潜力。为破除制约粤港澳大湾区的水上交通瓶颈，省航运集团频频出招：2003年，省航运集团与香港信德中旅集团合作，联合推出了世界首创的“海天联运、无缝连接”的水路、空运客运业务。2017年，省航运集团、越秀集团携手，计划在广州城市核心区琶洲建设港澳码头项目，向建立傲立广州、连通港澳、走向世界的国际化水上客运中心不断进发。2019年，省航运集团将开启香港维港游项目，将成为维多利亚港一道靓丽的风景线。

激发出活力。响应国家“一带一路”倡议，省航运集团积极走向国际市场，通过出口运力、输出管理，逐步向增值服务、跨境购物、游艇自由行、海岛交通等高收益产业链环节延伸。目前，在泰国、柬埔寨等东南亚地区的海湾水上客运、海岛水上旅游等业务，都能看到省航运集团活跃的身影。

人才是创新的第一资源。省航运集团的业务创新离不开人才机制的创新。据杨显昌介绍："通过加强培训提升、岗位激励和全员考核，创新人才的'选育用管储'模式，为集团'一带一路'业务布局、跨越发展提供全面和专业的人才保障。"

## ➔投身大湾区，二次创业

回首来时路，超前意识和责任担当，成为省航运集团"追江赶海"的最强基因。迈进新时代，省航运人将抢抓粤港澳大湾区的重大机遇，以"三大平台"推动省航运集团的二次创业。

"大湾区时代的到来，对一直深耕粤、港、澳三地，在粤、港、澳三地均有实体公司运营的省航运集团而言，是一个统筹粤、港、澳三地客货运资源，深度切入香港、澳门本地市场难得的发展良机。"杨显昌认为。

为此，省航运集团正加紧搭建"三大平台"：一是以驻港企业珠江船务为主体，整合粤港澳大湾区跨境水上高速客运平台，并购与主业相关的企业；二是以新成立的广东省水上公交有限公司为主体，规划、建设、运营广东省内河、沿海水上公共交通平台，繁荣我省江海通达的水上公共交通；三是"一带一路"投资平台，省航运集团计划在新加坡设立投资公司，投资东盟国家与主业一致的战略性项目。

谋定后动，加快整合。当前，琶洲客运码头建设正在加快推进，穗莞深水上快线即将开通，广州与深圳、珠海、佛山、东莞、中山、肇庆等重要城市间的水上快线计划复航，全省主要海岛的陆岛运输陆续开通……省航运集团正从战略意义上，加快补齐粤港澳大湾区水上公共交通的短板。

顺势而为，高质发展。拥有全省最多内河货运港口的省航运集团，以打造具有国际水平的粤港澳港口综合物流服务平台为目标，将进一步优化资源整合、发展新兴业务，整合香港及珠三角的内河码头网络，盘活码头资产。

□ 广东省航运集团“粤油906”轮

加快步伐，积极布局。跟随国家“一带一路”建设的步伐，省航运集团正积极与泰国、柬埔寨、印度、斯里兰卡等国家和地区商谈业务合作，在水上旅游客运领域寻找商机，以资本输出和管理输出等方式参与东南亚“一带一路”沿线国家水上高速客运服务，打造东南亚高速客运网络。

把握时间节点，树立工作坐标，省航运人有了“二次创新”的信心，有了“改革开放再出发”的劲头，有了“建一流企业”的豪情。“我们致力打造全球最大、管理一流、最具竞争力的水上公共运输综合服务集团，为广东实现‘四个走在全国前列’贡献最大的力量。”杨显昌表示。

## 【穿越40年】

1980年，省航运集团恢复了中断30年之久的广州至香港水上客运航线。豪华大型客轮“星湖轮”成为改革开放后第一艘航行于粤、港两地的水上客轮。

1980年，省航运集团的“鼎湖号”从汕头首航至香港，成为第一条汕头—香港的航线。

1999年，蓝海豚游船公司成为广州市首批开展“珠江日夜游”水上观光项目的企业。

2003年，省航运集团与香港信德中旅集团联合推出世界首创的“海天联运、无缝连接”的水路、空运客运业务。

2016年，省航运集团以投资入股的形式收购挪威BAA船厂，成功引入国际先进的碳纤维材料造船技术，填补了国内的空白。

2017年，蓝海豚旅运股票挂牌新三板，成为省航运集团第一家非上市公众公司。

（袁佩如）

从改革开放第一家境外“窗口公司”到大湾区国企尖兵

# 粤海集团融通湾区血脉

从改革开放后的第一家境外“窗口公司”，到粤港澳大湾区的国企尖兵，近40年来，粤海控股集团有限公司（以下简称“粤海集团”）始终围绕国家发展战略，走过辉煌而曲折的道路，迎来大湾区时代下“二次创业”新阶段。

“粤海集团的改革发展进入新阶段后，我们确立了以水务及水环境治理产业、城市综合体产业、产业园及制造业为核心，产业金融为支撑的‘3+1’新主业板块格局，朝着国际化国有资本投资公司的方向奋勇争先，努力打造粤港澳大湾区的骨干龙头企业。”粤海集团总经理蔡勇表示。

## “窗口公司”搭建世界与广东桥梁

1980年6月成立的粤海集团，是广东省落实中央关于广东、福建可在对外开放中实行“特殊政策、灵活措施”精神而在境外创办的第一家“窗口公司”。

率先开拓供港鲜活市场，开创中国内地居民“香港游”，复制香港模式开创国内第一个购物中心天河城……通过这扇“窗口”，粤海集团让广东走向世界，也把世界带进了广东，开创了改革开放的多项“第一”。

“粤海集团成立以后，特别是改革开放中前期，帮助省内各地引进大量投资，支持广东省和内地发展，推动香港和内地更紧密合作，起到了重要的桥梁纽带作用。同时，粤海集团引进国际先进管理经验，创新管理机制，形成人才交流机制，为广东省的经济发展和改革开放走在全国前列发挥了先行引领作用。”蔡勇介绍。

粤海集团从成立至1997年，经过十几年的经营，形成了以贸易为主导，以实业为基础，业务多元化发展的经营格局，成为广东省最大规模的境外企业，其账面总资产、营业额、税前利润等均跻身于驻港中资企业五强之列。但由于缺乏有效的发展规划和管理体系，内部管理混乱，在企业高速发展的同时，高负债的经营模式埋下了发生支付危机的隐患。1997年5月，在亚洲金融风暴的冲击下，发生支付危机的粤海集团轰然倒下。

2000年，广东省政府经过慎重考虑，决定把东深供水项目注入粤海进行重组。粤海成功的重组被誉为国际市场对中国国企重拾信心的标志，堪称世界企业重组史上的成功典范。

粤海集团重组的成功回答了一个重要问题——国企经营业绩不佳是否归咎于其特殊的体制形式？蔡勇认为：“粤海集团的经验证明，一个企业能否成功，主要看企业是否有一个清晰的发展战略、令人振奋的目标远景，以及为实现这一愿景而建立的组织架构、治理体系、管理流程等运作体系。”

## 建立全面风控体系行稳致远

涅槃重生的粤海集团，把老粤海的惨痛教训作为高悬头顶的一面镜子，不断提醒自己保持清醒的反思。

“旧粤海的教训是因为管理不善。接下来我们的管理是什么？我们认为，粤海一定要以风控管理作为最根本的管理体系的核心内容。”蔡勇介绍，2011年以后，粤海集团建立了一整套的风控管理体系。到2016年，粤海集团各个业务单元的内控体系就全面建立起来了。2016—2018年，在此基础上，粤海集团又将内控体系升级为全面风控管理体系。

同时，粤海集团聚焦发展战略，有进有退，持续推进资产业务重组，打造出以水务及水环境治理产业、城市综合体产业、产业园及制造业为核心，产业金融为支撑的“3+1”新主业板块格局。

经过努力，粤海各项事业蓬勃发展。2017年年末，集团总资产达868.61亿元，比2010年年末的478.76亿元增加389.85亿元，增幅为

□ 粤海运营的东深供水工程见证着香港的腾飞繁荣

81.43%；净资产达548.25亿元，较2010年的291.39亿元增加256.86亿元，增幅为88.15%。

“这些制度和措施是我们改革成功、行稳走远的基石，是我们不断取得进步的保障，也是粤海被赋予国有资本投资公司改革试点任务的重要参考。”蔡勇表示。

## ➔打造大湾区三大产业平台

位于深圳水库下的对港供水站是东江水供港的最后一站，这栋外观似亭子的不起眼的小楼，见证了约244亿立方米清水流入香江。

历经半个多世纪的洗礼，东深供水工程连接了内地和香港两种制度、跨越了改革开放前后两个时代，迎来了粤港澳大湾区时代下的新使命。

随着经济社会的发展，作为人口最多、经济总量居前的全球最大湾区，粤港澳大湾区越发面临着水资源分布不均、开发利用不平衡、应急备用水源不足等一系列难题，引西江之水润泽湾区的珠江三角洲水资源配置工程便应运而生。

珠江三角洲水资源配置工程全长113公里，总投资约339亿元，年设计调水总量17.87亿立方米。这不仅是广东历史上投资规模最大、输水线路最长、受水区域最广的水利工程，还将是世界上流量最大的长距离有压管道调水工程。建成后将逐步实现西江东江水源互补、丰枯调剂，退还东江流域及沿线城市生态用水，且直接为深圳、东莞和南沙区提供新的原水，并为香港特区，广东番禺、顺德等地提供应急备用水源。

“打造粤港澳大湾区水务及水环境治理综合运营服务平台，是我们积极投身大湾区建设的重要抓手。”蔡勇介绍，粤海集团将全力推进珠三角水资源配置工程项目，同时根据市场情况，开展省内水务资源整合，积极落实省委省政府关于做好粤港澳大湾区水资源保障的决策部署。同时，在做强做大城市供排水业务的基础上，结合粤港澳大湾区产业发展要求，积极探索污泥、污水和水环境综合治理等新业务。

除了水务及水环境治理综治理平台外，粤海集团还将打造粤港澳大湾区产业发展平台和产业服务平台，形成布局大湾区的“三大平台”。

据悉，目前三大平台落地工作正在紧锣密鼓地推进。截至2017年年末，除东深供水工程、珠江三角洲水资源配置工程外，粤海控股水资源板块在粤港澳大湾区投资的水务公司10家，总投资额近35亿元，水处理规模（合同规模）近300万吨/日。粤海银瓶合作创新区核心区域的广东粤海装备技术产业园规划总面积17.35平方公里，目前已落地产业项目面积占地737亩，2018年将建成18万平方米高标准工业厂房，总投资近48亿元的园区基础设施PPP项目也已开工建设。同时，粤海在东莞常平及塘厦经营近40万平方米的工业园区。城市综合体板块在粤港澳大湾区已建成或在运营的项目超过28个，在建项目8个，总投资额超过350亿元，在建项目计容建筑面积超过134万平方米。

从心出发，共塑美妙——这是粤海企业文化的核心理念，也是粤海的冲锋号角。对于未来，蔡勇信心满满：“粤海为能直接服务大湾区这一国家战略感到光荣，也以塑造大湾区的美好生活为使命，努力将自己打造成为粤港澳大湾区的骨干龙头企业。”

## 【穿越40年】

1980年，粤海集团在香港注册成立，是全国各省市最早在香港设立的“窗口”企业之一。

1982年，粤海所属广南行有限公司成立，开拓了广东省供港鲜活商品代理业务。

1983年，粤海集团组织首批旅行团一行25人经过深圳罗湖口岸抵港。这是新中国成立后，也是我国在实行改革开放政策后的第一个内地居民赴港旅游团。

1987年，粤海将一批优质资产包装上市（粤海投资），成为全国各省市驻港企业中第一个上市企业。

1987年，粤海集团开办广东—泰国旅游业务，开我国公民自费出国旅游的先河。

1996年，天河城购物中心试业，成为中国内地第一家购物中心。

1999年，中山中粤马口铁工业有限公司成功研制镀铬板产品，成为中国第一家生产镀铬板的企业。

2001年，东深供水工程注入粤海进行重组，粤海重组被《IFR·亚洲》杂志评为2001年度“亚洲最佳重组交易”。

2014年，粤海被列为广东省国有资本投资公司改革首批试点单位。

2017年，粤海集团承建的珠江三角洲水资源配置工程试验段项目在深圳市破土动工。该工程是广东省历史上投资额最大、输水线路最长、受水区域最广的水利工程。

（袁佩如）